丛书主编　**俞树毅**

★生命无返程:重点交通法规解读

★**百姓生活避风港:也谈社会保障法**

★祸患积于忽微:警察权限与治安管理

★清官能断家务事:走进婚姻法

★约定大于法定:合同法漫谈

★让我欢喜让我忧:银行卡消费与维权

★权利与保障同行:民事侵权及其救济

# 法律在身边

FALU ZAI SHENBIAN

公民维权系列丛书

**何文杰　编著**

# 百姓生活避风港:

## 也谈社会保障法

兰州大学出版社

**图书在版编目（CIP）数据**

百姓生活避风港 ： 也谈社会保障法 / 何文杰编著
. -- 兰州 ： 兰州大学出版社，2014.11
（“法律在身边”公民维权系列丛书 / 俞树毅主编
）

ISBN 978-7-311-04633-0

Ⅰ. ①百… Ⅱ. ①何… Ⅲ. ①社会保障法－基本知识
－中国 Ⅳ. ①D922.182

中国版本图书馆CIP数据核字(2014)第267134号

责任编辑 张国梁 杨 洁
装帧设计 郇 海

书 名 百姓生活避风港:也谈社会保障法
作 者 何文杰 编著
出版发行 兰州大学出版社 (地址:兰州市天水南路222号 730000)
电 话 0931-8912613(总编办公室) 0931-8617156(营销中心)
0931-8914298(读者服务部)
网 址 http://www.onbook.com.cn
电子信箱 press@lzu.edu.cn
印 刷 兰州奥林印刷有限责任公司
开 本 710 mm×1020 mm 1/16
印 张 9.25
字 数 151千
版 次 2015年3月第1版
印 次 2015年3月第1次印刷
书 号 ISBN 978-7-311-04633-0
定 价 22.00元

# 总　序

党的十八届四中全会提出全面推进依法治国，总目标是建设具有中国特色社会主义法治体系，建设社会主义法治国家。

改革开放三十多年来，走市场经济道路和建设具有中国特色社会主义法律体系、建设法治国家是我们始终坚持的。改革越往后就越艰难。我国市场经济建设虽然取得了巨大的成功，但地方保护、行政垄断、自然垄断、权力寻租、市场壁垒以及不公正的市场规则等乱象依然存在，市场经济建设已经到了深层的攻坚克难时期。市场经济是法治经济，市场秩序的建立与维护要依靠反映市场规律、市民社会规则的法治体系。人治只能是计划经济的反映。建设具有中国特色社会主义法治体系，对于深化各项改革、推动市场经济健康发展，具有重要意义。

正如十八届四中全会提出全面推进依法治国的重大任务所表明的，中国特色社会主义法治体系的建设和完善主要依赖于政府的推动，但这种自上而下的推动应当促进内生性的法治建设，其中，增强全民法治观念、加强民主立法和法律实施的公众参与等，应该是题中的应有之意。

社会问题纷繁复杂，当下中国社会又一次处在了历史的节点上。"依法治国，建设社会主义法治国家"是中国的基本治国方略，也是中国承继人类文明的必然和历史选择。依法治国必然要求增强全民法治观念，并在全社会大力推动普法宣传教育。虽然学理解释在法理学上属于无权解释之列，但适法、守法、用法均离不开对现行法律的熟悉、掌握和准确理解，学理解释在法律的适用、市场规则和市场秩序的维护、公民行为的预测或指引中发挥着至关重要的作用。可以说，如果民众没有良好的法律素养，没有法律信念，则中国现代法律的移植、现代法治社会和法治国家的建设始终是不可完成的任务，只能是水中月、镜中花。

早在1986年，中国就开始了以五年为一个周期的普法活动。2011年为"六五"普法规划的启动年。"六五"普法规划的基本指导思想主要是：按照全面落实依法治国基本方略和建设社会主义政治文明的新要求，坚持法制宣传教育与社会主义核心价值体系教育相结合、与社会主义法治理念教育相结合、与社会主义公民意识教育相结合、与法治实践相结合，深入开展法制宣传教育，深入推进依法治理，大力弘扬社会主义法治精神，为夺取全面建设小康社会新胜利营造良好法治环境。

所谓普法，就是普及法律知识，而法律知识范围广泛，涵盖法律和法学，既包括法律精神、法律价值、法律理念，也包括法律原则、法律规范；既包括理论法学、应用法学，也包括一切有关法律和法学的知识和学问。因此，普法会成为依法治国的常态和有机组成部分。当然，普法首先是从对现行法律的宣传、正确解释和准确理解开始的。

应兰州大学出版社之约，我们组织编纂了这套"法律在身边"公民维权系列丛书。丛书内容涉及公法、私法和社会法等各个方面，将按照出版计划陆续推出。这套丛书的出版，期望能够为全社会普法、为法治中国建设尽些绵薄之力。

丛书撰稿人均为在职法律人(法律职业共同体成员，包括法官、检察官、律师、法学教育工作者以及研究者等)，大都从事法律教学和研究以及司法实践工作，有较高的科研能力和语言驾驭能力。是他们认真负责的态度和孜孜不倦的工作，使丛书得以面世。

作为丛书的总主编，我制定了丛书的体例，并对各分册书稿进行了统稿和进一步完善。

这套丛书的特点是：语言明快、简洁、通俗；法律要义、释疑、案例、法条有机结合，各单元自成体系；贴近社会生活的主要方面，与大众生活息息相关。

限于学识和时间，书中肯定存在不少问题，希望读者、行家不吝赐教。

**俞树毅**

2014年12月1日

(丛书总主编俞树毅，系兰州大学法学院教授、博士研究生导师。兰州大学环境资源法学研究所所长)

# 前　言

本书本着关注民生的精神，以当下生活中常见的社会保障法律问题为切入点，就生活社会保障法律化和社会保障法律生活化进行了阐述。全书共分为9个单元，即社会保障概论篇、养老保险篇、医疗保险篇、生育保险篇、工伤保险篇、失业保险篇、社会优抚篇、社会福利篇、社会救助篇。每篇由精讲精析、典型案例、以案说法、法条链接、扩展阅读5个部分组成。精讲精析部分，就社会保障几个主要领域的法律知识向读者做了精要的介绍和解读；典型案例部分，选取了与主要知识点有关的典型案例并详细载明了案情及其裁决结果；以案说法部分，对上述案例及其裁决结果进行了分析，阐述了裁决的法理和法条依据，对我们认为的个别裁决不当之处也进行了评析和论证；法条链接部分，列举了与单元重要知识点最为密切联系的核心法条；扩展阅读部分，选取了介绍前述法律制度最新进展或制约其进一步发展的瓶颈问题的资料。

# 前 言

# 目 录

# 第一单元　国泰民安靠保障

——社会保障概论篇

人类作为整个宇宙中的一个有机组成部分,是在不断地同自然和社会进行斗争的过程中得以生存发展的。纵观人类历史,伴随着人类生产生活过程的是疾病、工伤、年老、死亡、失业、生育、灾害等现象,这些现象的发生常会使人类陷入极度贫困的生活境地。然而,人类的文明保护了人类自身的存在和发展。从古巴比伦到古希腊,从古罗马到古代中国,先民们从未停止过对美好社会的追求——无论是雄辩的法学家,还是善思的市民,他们都在创制着能规范人类行为的法律以及创建一个法治社会。为了确保人类得以更好地生存和发展,人们便创制了通过国家强制力保障实施的,用以抵御各种生存风险、保障人类基本生活需要以及促进社会大众福利的法律制度——社会保障法律制度。社会保障法一度被称为社会减震器和社会安全网。

## 【精讲精析】

### 一、何为社会保障

社会保障作为法律概念使用,最初出现在1935年美国颁布的《社会保障法》中。此后,这一法律概念在各国逐渐得以使用:如1942年英国的《贝弗里奇报告——社会保障和相关服务》,1938年新西兰的《社会保障立法案》等。1952年第35届国际劳工大会通过了规定社会保障基本准则的《社会保障公约》,自此以后,社会保障这一概念迅速在各国普遍使用起来。我国在1986年的《中华人民共和国国民经济和社会发展第七个五年计划》中,使用了"社会保障"一词,可以说这是我国最早对这一概念进行阐述的记录。

由于社会保障本身所包含内容的复杂性,又由于各国的政治体制、历史传统、文化背景以及价值取向的差异性,各国对社会保障的概念界定也不尽相同。总体来看,各国学者及相关著作对社会保障这一概念的阐释大多包含了这样一些要素:(1)社会保障的实施主体是国家或社会,其实施的首要责任主体是国家。(2)社会保障的项目包括年老、疾病、伤残、死亡、失业、生育及各种自然灾害。(3)社会保障的功能是保障公民基本生活、社会安定和经济发展。(4)社会保障是一套制度系统。从社会保障资金的征收和使用的过程上,我们可以将社会保障制度分为社会保障资金征收制度、管理制度、使用制度和监督制度。(5)社会保障的手段是对国民收入进行分配和再分配,其运行具有特殊的规律。(6)社会保障实施的依据是立法。

为此,社会保障可以被定义为:指国家为了经济发展和社会稳定,帮助社会成员克服生存风险和促进社会大众福利以保障公民社会性生存和发展的措施。①

## 二、社会保障法简介

我国的学者们认为:"社会保障法是调整以国家、社会和全体社会成员为主体,为了保证社会成员的基本生活需要并不断提高其生活水平,以及解决某些特殊社会群体的生活困难而发生的经济扶助关系的法律规范的总和。"②"社会保障法是调整以国家和社会为主体,为了保证有困难的劳动者和其他社会成员以及特殊社会群体成员的基本生活并逐步提高其生活质量而发生的社会关系的法律规范的总和。"③"社会保障法是指调整国家(政府)和其他相关的社会组织在为社会成员防范社会风险和遭受社会风险后提供经济帮助和服务的过程中与社会成员之间和其相互之间发生的社会关系的法律规范的总称。"④郭捷教授认为,社会保障法是基于社会安全和社会发展的需要制定的,帮助社会成员克服生存风险和促进社会大众福利以保障公民社会性生存和发展的法律规范的总称。

(一)特征

一般认为社会保障法具有以下特征:

1. 广泛的社会性。具体表现在社会保障关系都涉及社会大众的利益,在

---

① 郭捷:《劳动法与社会保障法》,法律出版社,2011年,第311页。

② 林嘉:《社会保障法的理念、实践与创新》,中国人民大学出版社,2002年版,第16、17页。

③ 史探径:《社会保障法研究》,法律出版社,2000年,第31页。

④ 周宝妹:《社会保障法主体研究——以利益平衡理论为视角》,北京大学出版社,2005年,第19、20页。

法律上其权利义务主体非常广泛;其实现目标在于维护社会的和谐稳定,促进社会发展;社会保障责任和义务具有社会化特色。

2. 强制性,主要通过国家立法强制推行。

3. 扶弱济贫、互助共济性,具体表现在帮助因各种原因陷入生活困难的民众走出困境和民众互助方面。

4. 严格的法定性。

5. 实体法与程序法的统一性。

6. 特定的立法技术性。具体表现在数理技术和大数法则的运用方面。

(二)原则

1. 保障基本需求原则,以满足公民的基本生活需求为宗旨。

2. 保障水平与经济发展相适应原则。

3. 公平与效率兼顾原则。

4. 普遍性原则,应包括一切社会成员。

5. 国家保障与社会保障相结合的原则。

社会保障法体系由社会保险法、社会救助法、社会优抚法、社会福利法4个部分构成。

## 【法条链接】

### 中华人民共和国宪法

**第三十三条**　凡具有中华人民共和国国籍的人都是中华人民共和国公民。中华人民共和国公民在法律面前一律平等。国家尊重和保障人权。任何公民享有宪法和法律规定的权利,同时必须履行宪法和法律规定的义务。

**第四十四条**　国家依照法律规定实行企业事业组织的职工和国家机关工作人员的退休制度。退休人员的生活受到国家和社会的保障。

**第四十五条**　中华人民共和国公民在年老、疾病或者丧失劳动能力的情况下,有从国家和社会获得物质帮助的权利。国家发展为公民享受这些权利所需要的社会保险、社会救济和医疗卫生事业。国家和社会保障残废军人的生活,抚恤烈士家属,优待军人家属。国家和社会帮助安排盲、聋、哑和其他有残疾的公民的劳动、生活和教育。

**【扩展阅读】**

## 一、现行社保制度是在“劫贫济富”吗？[①]

任何一次风吹草动，都足以触动民众关于养老问题的敏感神经。

日前，英国《金融时报》中文网发表了《现行社保制度的“劫贫济富”效果》一文（下称“FT文”），文章称，“社保制度建立的初衷是改善人们——尤其是那些穷人的境况，但当这个政策推行之后，它却似乎起到了‘劫贫济富’的作用，让穷者愈穷，富者愈富。”

该文发表后，引起了广泛的关注和讨论：公务员凭什么不交养老保险，却能领取高额养老保险？老一代为国家奉献了一生，财政说给予补贴，可这点补贴够什么用？企业不想给员工办理社保，怎么办……我国现行的社保制度是在“劫贫济富”吗？

目前，我国社会养老保障体系已基本确立。除机关事业单位的退休制度外，我国的养老保险分为城镇居民社会养老保险、城镇职工基本养老保险、新型农村社会养老保险（下称“新农保”）三种。

据知情人士透露，自2009年新农保试点以来，国家试点和地方自行试点地区有近2亿农村居民参保，5000多万名符合条件的农村老年居民按月领取养老金。今年，全国60%的区县将进行新农保试点，2012年底在制度上实施全覆盖。

今年7月1日起，城镇居民社会养老保险试点在全国启动，预计今年试点范围覆盖全国60%的地区，明年基本实现全覆盖。

而城镇职工基本养老保险，按照人社部的统计基本上已经实现了全覆盖，但知情人士告诉《中国经济周刊》，这其实只是在制度层面，实际上达不到100%覆盖。

“现在主要是基数搞不清。我们到企业进行实地了解，依然有企业不缴纳社保费的，还有很多企业只给企业中高层的管理人员或固定员工缴了，打工的人不缴；还有很多劳务派遣工，特别是一大部分农民工没有参加社会保险。据人社部的统计数据，农民工参加医疗保险的是4000多万人，而我国2.4亿农民

① 王红茹、朱彬：《现行社保制度是在“劫贫济富”吗？》，载于《中国经济周刊》，2011年第39期，网址：http://www.ceweekly.cn/html/Article/201110102211183.html。

工当中,已经在城镇相对稳定就业的至少是1.2亿人,那么至少有8000万农民工没有参保。”全国总工会保障工作部副部长李志培接受《中国经济周刊》采访时表示。

专家认为,由于城镇职工基本养老保险已经实施多年,相对比较成熟,而刚刚起步的新城保和新农保目前存在问题较多。两相比较,新农保存在问题更大。

在中国人民大学中国社会保障研究中心副主任杨立雄看来,现行的新农保在制度上存在三大缺陷。

一是基础养老金太低。“中央政府补贴55块钱,如果你每年只缴100块钱,等到退休的时候,55元加上个人账户,大概一个月也就是七八十块钱。”

二是缺少一个调整增长的机制。“第二年应该达到多少,第三年应该达到多少。现在物价在涨,社会平均收入在涨,不能总是维持那55块钱。现在增长机制没有建立起来,过几年以后55块钱根本买不了东西,怎么去养老?”

三是个人账户不能做实。“个人账户要不要放在那里,如果不进行投资,在物价飞涨、利息低的情况下,过几年就贬值很快。不仅是新农保,包括整个城镇职工养老保险都存在这个问题,所以我主张不要做实个人账户,只要名义账户就够了,反正不到60岁从个人账户中也取不到钱。到了60岁,再把他个人账户的钱放进去,因为之前积累着就会贬值。现在瑞典等东欧国家是名义账户,就是账户里没有钱,只是记录你缴了多少费,这样就防止了贬值。”

据记者了解,根据《关于开展新型农村社会养老保险试点的指导意见》提出的“地方政府视财力状况可提高标准”,已经有一些地方开始提高补贴。比如北京在2009年已经将基础养老金提高至每月280元,此外,上海、宁波等地的基础养老金也已经突破了中央所规定的标准。

“在我国未来老龄化越来越严重的趋势下,推行基础养老保险制度,势在必行,当然,有必要好好完善和实行。”国家发改委宏观研究院副研究员肖新建说。

在这里,我们要讨论的一个问题是,我国的养老保险制度真的如外媒所说的是“劫贫济富”吗?针对外国媒体所提出的几个问题,我们的社保专家给出了答案:[①]

①此处略有改动,节选部分意见。

1. 现收现付制度会造成“劫贫济富”?

英国《金融时报》中文网撰文称:“当前各国推行的社保主要是现收现付制度,即不是把社保缴存人的钱存起来,而是把收到的钱马上花掉……这就可能产生穷人补贴富人的效果。当下已经退休并且正在领取养老金的老人当中,相当一部分,可能远富于当下正在工作并缴存养老金的年轻人。”

我国全国总工会保障工作部李志培副部长认为:“我国养老保险不是实行的现收现付制度,而是部分积累制,至少要积累15年。任何国家的养老保险都是主要靠人们干活的积蓄来保障退休后的生活,这是明摆着的事情,这不叫劫贫济富,而且干活的人也不一定就是贫苦的人。在中国,人们退休以后,尤其是工人,养老金和在职收入差距是很大的。中国目前养老金的替代率(指劳动者退休时的养老金领取水平与退休前工资收入水平之间的比率)仅在50%左右,是很低的,所以它的观点是不成立的。

但是FT文中说的“不是把社保缴存人的钱存起来,而是把收到的钱马上支付给当下已经退休的人”,这一点是有道理的。因为我国社保制度仍处于初期阶段,为解决在此之前退休的老职工的养老问题,需要国家财政和目前的社保基金来支付,这是必须解决的历史遗留问题。至于有一部分企业职工因为退休以后拿的钱可能比在职时拿得多,希望早些退休,主要原因是现在部分中小企业把最低工资标准作为企业工资支付标准,而这些老职工有很长的工龄,所以他宁可退休,退休后拿的钱可能更多。这不是养老保险制度本身的问题,是工资分配制度的问题。

国家发改委宏观研究院肖新建副研究员认为:“FT文说的并不符合中国实际。事实上,‘当下已经退休并且正在领取养老金的老人’当中,绝大部分,按每月收入来说,都是很低的,平均数不可能富于‘当下正在工作并缴存养老金的年轻人’。前者工作期间,长期都处于低工资时代,大约2003年后普通中国人的工资才有了较大的增长。因此,所谓的‘当下已经退休并且正在领取养老金的老人’远富于‘当下正在工作并缴存养老金的年轻人’,如果存在,也是累积性效果。如果算总体财富,年轻人的财富还应该包括对未来的预期。因此这个立论基础就不恰当。况且新农保的对象,大都是农村老年居民,很大部分都是低收入者。”

2.户籍制度会造成“劫贫济富”?

FT文指出,人们在缴存养老金的时候,不需要看缴存者的户籍……但是,当你要领取退休金的时候,可就不一定是这样了。据人社部官员解释,养老金领取将执行户籍地优先……而你户籍所在地的退休金标准可能比你缴纳养老金的城市的标准差很多。相对于那些拥有大城市户籍,能在那里稳定工作并退休、领取社保的人来说,你是吃亏了。就这点而言,不得不说是一种“劫贫济富”。

中国人民大学中国社会保障研究中心杨立雄副主任认为:“确实存在这种情况。我在深圳做调研时发现,深圳90%的人口是农民工,10%是本地户籍人口。相关制度规定,农民工回乡后只能领取个人账户那一部分,社会统筹部分就留在深圳了,所以深圳2005年就已经积累了90亿的养老金。而别的地方都在亏,特别是国有企业比较多的一些地区,像东北,因为养老负担比较重,没钱发养老金;但是深圳年轻人多,退休的人少,再加上缴费的人多,所以结余了90亿的资金。我很赞同它的观点,而且我认为不仅仅是户籍制度,重要的是地区之间的差距太大。”

李志培认为:“这是关于养老金领取的公平问题。假如给你1000块钱,你在贵州黔南州的一个贫困县生活和在北京市的生活,等价吗?在贵州可能活得很好,在北京可能就活不下去。养老金是保证你老年的基本生活、养老生活,而不是什么福利待遇。此外,这还涉及统筹层次的问题,目前养老保险不是全国统筹。中国区域太大,经济发展差距太大,生活水平、消费水平差距太大,目前没有实现全国统筹,养老水平必然存在一定差距,但这绝不是劫贫济富的问题。如果全国统筹了,就没有问题了。”

肖新建认为:“我不认同它这种说法。户籍制度造成的‘劫贫济富’效果,不能归咎于现行的养老保险制度,这是户籍制度的错。改革的应该是户籍制度,不能用此来否定养老保险制度。”人社部专家认为:“领取养老金的地点一般是根据缴费的最后一年来定的,你最后缴费是在哪个地方,就一般优先考虑这个地方。如果你不愿意在这个地方领取,也可以回到原籍去领取。”

但无论如何看,我国在2011年7月颁布的实施《中华人民共和国社会保险法》若干规定第三条:“参加职工基本养老保险的个人达到法定退休年龄后,累计缴费不足十五年(含依照第二条规定延长缴费)的,可以申请转入户籍所在地新型农村社会养老保险或者城镇居民社会养老保险,享受相应的养老保险待遇。”

所以,尽管我国当前的社会保障制度仍不完善,但绝不可能如外媒所言的“劫贫济富”那样,而仍然是以保障生活困境中的人们得以摆脱贫困状态为目的,以保障社会成员的基本生活需要为主要任务的。

## 二、着力保障改善民生——我国社会保障制度建设综述[①]

"俺农民以前一直是养儿防老，没想到现在也可以像城里的工人一样月月领养老金了。"山东省胶州市胶东办事处葛埠岭村67岁的李文元如今每月都能领到55元养老金，"儿女再有钱也不如自己手头有钱好，所以这个政策老百姓都说好。"

人力资源和社会保障部、财政部近日召开全国新农保和城居保制度全覆盖工作动员视频会议，宣布从今年(2012年)7月1日起在全国范围内启动城乡居民养老保险全覆盖工作，计划年底前完成。也就是说，亿万"李文元"从今年开始也能享受到实惠。

在中国特色社会保障体系中，城乡居民低保、基本医疗、基本养老是最重要的三项制度，近年来前两项已基本实现全覆盖。如今，以基本养老保险制度全面建立为标志，覆盖城乡居民社会保障体系框架基本建成。

中国社科院世界社保研究中心主任郑秉文说，我国社会保障从无到有，优先解决制度缺失问题；从窄到宽，逐步扩大覆盖面；从低到高，稳步提高保障水平；从分到合，积极推进城乡社会保险制度统筹。

人力资源和社会保障部有关负责人介绍，"十一五"期间，我国初步形成以社会保险、社会救助、社会福利为基础，以基本养老、基本医疗、最低生活保障制度为重点，以慈善事业、商业保险为补充的社会保障体系框架。

截至去年(2011年)底，城镇职工基本养老、城镇基本医疗、失业、工伤、生育保险参保人数分别达到2.84亿人、4.73亿人、1.43亿人、1.77亿人、1.39亿人，全部超额完成年度计划。新农保和城居保试点覆盖面60%，参保人数超过3亿人。城乡三项基本医疗保险参保人数超过13亿，基本实现全覆盖。与此同时，一些重大历史遗留问题也得到了解决：近600万关闭破产国企退休人员和200多万其他企业退休人员纳入职工医保；500多万未参保集体企业职工和退休人员纳入职工基本养老保险；300多万"老工伤"人员纳入工伤保险统筹。

新一轮医改推进三年多来，织起了世界最大的全民医保网。全国基本医保覆盖率超过95%，超过13亿的城乡居民享受基本医保。随着基本药物制度

① 资料来源：徐博：《着力保障改善民生——我国社会保障制度建设综述》，新华网，网址：http://news.xinhuanet.com/politics/2012-05/10/c_111928498.htm?prolongation=1，2012年5月10日。

初步建立,基本药物价格平均下降三成,减轻了基层群众用药负担。

上海市金山区居民陈永辉是尿毒症患者,常年血透的费用高达18万元。"城镇居民医保基本报销了我的大病开支,我每年需自付的医疗费用在2万元以内,有了生活的底气。"陈永辉说。

客观地讲,社保"安全网"虽然建立起来,但距离人民群众的期盼还有一定差距。中国人民大学中国社会保障研究中心主任郑功成指出,目前,我国社会保障制度在城乡之间、地区之间、不同群体之间存在较大差距。随着社会保障制度普惠全民的愿景的实现,应更加重视制度公平。除不公平问题外,当前社会保障待遇水平较低,通胀压力下还面临"缩水",以及跨地区转移接续不方便等问题,也影响了群众对社保制度的"打分"。"随着经济社会发展到新的阶段,人民群众对于社会保障从无到有的诉求总体趋于解决,但公平性诉求、便捷性诉求、可持续性诉求等开始上升,这就要求我们按照统筹兼顾、综合平衡的原则给予妥善解决。"人力资源和社会保障部副部长胡晓义说。

国务院近日召开的常务会议讨论通过了《社会保障"十二五"规划纲要》。会议指出,"十二五"时期,要坚持"广覆盖、保基本、多层次、可持续"的基本方针,以增强公平性、适应流动性、保证可持续性为重点,更加注重保障公平,更加注重统筹城乡发展,更加注重优质高效服务,更加注重可持续发展,加快建立健全覆盖城乡居民的社会保障体系。力争到"十二五"期末,形成基本完备的社会保障制度,比较健全的管理服务体系,并稳步提高保障水平,基本解决历史遗留问题,为全面建设小康社会提供水平适度、持续稳定的社会保障网。有关专家表示,《社会保障"十二五"规划纲要》体现了党和政府改善民生的决心。改革已进入深水区,尽管任务艰巨,但在党和政府的领导下,相信一定能完成既定的目标。

# 第二单元　通向老有所养之路

——养老保险篇

《孟子·梁惠王上》有云:“老吾老以及人之老,幼吾幼以及人之幼。”现实生活中,我们绝大多数人都要度过自己的老年岁月,可是人到老年,年老体衰,已经从劳动领域退了出来,无法获得年轻力壮时那样的劳动报酬,传统的储蓄养老、家庭养老、土地养老等模式又日渐受到现实社会的冲击。那么如何在新的时代,做到“老有所依,老有所养”,下面让我们来了解一下我国的养老保险制度。

## 【精讲精析】

### 一、何为养老保险

养老保险是指法定范围内的老年人因失去劳动能力或达到退休年龄而退出劳动岗位后,定期领取一定的生活费用以保障晚年生活的一种社会保险制度。我国的养老保险分为三个层次,即基本养老保险、单位补充养老保险、个人储蓄养老保险。基本养老保险是由国家统一建立并强制实施的为公民提供因老年退出劳动岗位后基本生活保障的一种养老保险制度。

#### (一)我国基本养老保险的覆盖范围和类型

目前我国基本养老保险已覆盖城乡全体公民,但制度尚未实现完全统一。主要包括:职工养老保险制度,适用范围为城镇企业、事业、民办非企业等用人单位及其职工;公务员和参照公务员法管理的工作人员养老保险制度,适用范围为公务员和参照公务员法管理的工作人员及其所在单位;城镇居民养老保险制度,适用范围为城镇非就业居民;年满16周岁,未参加城镇职工基本养老保险的农村居民可以自愿参加新型农村养老保险制度;进城务工的农村居民依法参加职工养老保险。被征地农民按照国务院规定纳入相应的社会保险制度:被征地农民到用人单位就业的,应当参加职工基本养老保险;对于未就业转为城镇居民的,可以参加城镇居民养老保险,继续保留农村居民身份的,可以参加新型农村社会养老保险。在中国境内就业的外国人应当参加职工基本养老保险。

这里要特别注意的是,无雇工的个体工商户、未在用人单位参加基本养老保险的非全日制从业人员以及其他灵活就业人员可以参加基本养老保险,由个人缴纳基本养老保险费。无雇工的个体工商户、未在用人单位参加基本养老保险的非全日制从业人员以及其他灵活就业人员也属于就业人群。灵活就业人员是指以非全日制、临时性、季节性、弹性工作等灵活多样的形式实现就业的人员,包括无雇工的个体工商户、非全日制从业人员以及律师、会计师、自由撰稿人、演员等自由职业者。这些人员为社会提供了一定形式的劳动,但由于他们没有用人单位、用人单位经常变换、与用人单位没有建立固定的劳动关系等,其在工作时间、工作地点、劳动报酬、劳动关系等方面都与普通职工有所区别,所以把他们纳入职工基本养老保险范畴时采取自愿原则。

(二)筹资方式

老百姓老年退出劳动领域后,有权从社会保险经办机构领取法定数额的养老金。这些养老金从哪里来呀?“羊毛出在羊身上”,这些养老金主要从单位和职工共同缴费而来。我国社会保险法明确规定,养老保险基金由用人单位和个人缴费以及政府补贴构成。2009年缴费收入占基金总收入约83%。单位目前按职工工资总额的20%,职工按本人工资的8%交纳基本养老保险费。

(三)制度模式

我国的基本养老保险实行社会统筹与个人账户相结合。用人单位应当按照国家规定的本单位职工工资总额的比例缴纳基本养老保险费,记入基本养老保险统筹基金。职工应当按照国家规定的本人工资的比例缴纳基本养老保险费,记入个人账户。基本养老保险统筹基金部分全部用于当期养老金的支付,花多少收多少,实行边收边付。基本养老统筹基金用于互助共济,均衡统筹范围的职工基础养老金待遇水平,也是基本养老保险的本质和最吸引职工参保的部分所在。个人账户部分的资金用于投资取得收益,个人退休后养老金的多少取决于其个人账户的累积额。个人账户不得提前支取,记账利率不得低于银行定期存款利率,免征利息税。个人死亡的,个人账户余额可以继承。学术界把这种制度模式称之为部分积累制,意即社会统筹部分为现收现付制,个人账户部分为积累制。

(四)基本养老金构成

基本养老金由统筹养老金和个人账户养老金组成。社会统筹养老金根据个人累计缴费年限、缴费工资、当地职工平均工资等因素确定,既与个人缴费挂钩,又体现了社会共济。退休时的社会统筹养老金月标准以当地上年度在岗职工月平均工资和本人指数化月平均缴费工资的平均值为基数,缴费每满1年发给1%。统筹养老金=(被保险人退休时当地上一年度职工月平均工资+本人指数化月平均缴费工资)÷2×缴费年限×1%。个人账户养老金月标准=个人账户储存额/计发月数。譬如,24岁的何先生于2005年参加工作,月工资额3000元,当年就由单位每月代扣代缴240元的养老保险费。按照现在的缴费标准,到何先生60岁退休时他要交纳103680元养老保险费。假设何先生退休时,个人指数化月平均缴费工资为4000元,当地上年度在岗职工月平均工资为3200元,个人账户利息暂且忽略不计,则何先生退休后每月领取的基本养老金为(4000元+3200元)/2×36%+103680元/139=2042元。

(五)享受基本养老保险待遇的条件

达到法定退休年龄并且累计缴费满15年,这是参加基本养老保险的个人按月领取基本养老金的两个基本条件。参加基本养老保险的个人,达到法定退休年龄时累计缴费不足15年的,可以缴费至满15年,按月领取基本养老金。也可以转入新型农村社会养老保险或者城镇居民社会养老保险,按照国务院规定享受相应的养老保险待遇。至于如何转入,目前尚在进一步的研究之中。国家建立基本养老金正常调整机制。根据职工平均工资增长、物价上涨情况,适时提高基本养老保险待遇水平。

(六)因病或非因工致残完全丧失劳动能力、死亡时的待遇规定

参加基本养老保险的个人,因病或者非因工死亡的,其遗属可以领取丧葬补助金和抚恤金;在未达到法定退休年龄时因病或者非因工致残完全丧失劳动能力的,可以领取病残津贴。所需资金从基本养老保险基金中支付。

## 二、不同类型的基本养老保险

(一)事业单位基本养老保险

事业单位养老保险正处于改革过程当中,中共中央、国务院《关于分类推进事业单位改革的指导意见》(中发〔2011〕5号)指出,事业单位工作人员基本养老保险实行社会统筹和个人共同负担,个人缴费全部记入个人账户。养老保险基金单独建账,实行省级统筹,基本养老金实行社会化发放。实行"老人

老办法、新人新制度、中人逐步过渡”,对改革前参加工作、改革后退休的人员,妥善保证其养老待遇水平平稳过渡、合理衔接,保持国家规定的待遇水平不降低。建立事业单位工作人员职业年金制度。统筹考虑企业、事业单位、机关离退休人员养老待遇水平。2008年国务院做出决定,在山西省、浙江省、广东省以及上海市、重庆市先期开展养老保险试点与事业单位分类改革试点配套推进。未进行试点的地区仍执行现行事业单位退休制度。

(二)新型农村社会养老保险制度

1.筹资模式

新型农村社会养老保险实行个人缴费、集体补助和政府补贴相结合。个人缴费标准目前设为每年500元、400元、300元、200元、100元5个档次,地方可以根据实际情况增设缴费档次。有条件的村集体可对参保人员缴费予以补助,具体标准和程序应通过召开村民会议民主确定,鼓励社会各界提供赞助。政府对符合领取条件的参保人全额支付新农保基础养老金,其中中央财政对中西部地区按中央确定的基础养老金标准给予全额补助,对东部地区给予50%的补助。地方政府应当对参保人缴费给予补贴,补贴标准不低于每人每年30元;对选择较高档次标准缴费的,可给予适当鼓励,具体标准和办法由省(区、市)人民政府确定。对农村重度残疾人等缴费困难群体,地方政府为其代缴部分或全部最低标准的养老保险费。

2.制度模式

新型农村社会养老保险待遇由基础养老金和个人账户养老金组成。基础养老金由国家财政全部保证支付,这意味着中国农民60岁以后都将享受到国家普惠式的养老金。国家为每个新农保参保人建立终身记录的养老保险个人账户。个人缴费,集体补助及其他经济组织、社会公益组织、个人对参保人缴费的资助,地方政府对参保人的缴费补贴,全部记入个人账户。个人账户储存额目前每年参考中国人民银行公布的金融机构人民币一年期存款利率计息。

3.参保范围

年满16周岁、不是在校学生、未参加城镇职工基本养老保险的农村居民均可参加新型农村社会养老保险。满60周岁以上的农村居民个人不再缴费,直接享受中央财政补助的基础养老金,但其符合参保条件的子女应当参保缴费。

4.养老金待遇

参加新型农村社会养老保险的农村居民,符合国家规定条件的,按月领取新型农村社会养老保险待遇。养老金待遇由基础养老金和个人账户养老金组成，支付终身。中央确定的基础养老金标准为每人每月55元。地方政府可以根据实际情况提高基础养老金标准，对于长期缴费的农村居民，可适当加发基础养老金，提高和加发部分的资金由地方政府支出。个人账户养老金的月计发标准为个人账户全部储存额除以系数139（与现行城镇职工基本养老保险个人账户养老金计发系数相同）。参保人死亡，个人账户中的资金余额，除政府补贴外，可以依法继承；政府补贴余额用于继续支付其他参保人的养老金。

5.养老金待遇领取条件

年满60周岁、未享受城镇职工基本养老保险待遇的农村有户籍的老年人，可以按月领取养老金。新农保制度实施时距领取年龄不足15年的，应按年缴费，也允许补缴，累计缴费不超过15年；距领取年龄超过15年的，应按年缴费，累计缴费不少于15年。要引导中青年农民积极参保、长期缴费，长缴多得。具体办法由各省（区、市）人民政府规定。

（三）城市居民养老保险

国家建立和完善城镇居民社会养老保险制度。省、自治区、直辖市人民政府根据实际情况，可以将城镇居民社会养老保险和新型农村社会养老保险合并实施。

1.参保范围

年满16周岁（不含在校学生）、不符合职工基本养老保险参保条件的城镇非从业居民，可以在户籍地自愿参加城镇居民养老保险。

2.基金筹集

城镇居民养老保险基金主要由个人缴费和政府补贴构成。

（1）个人缴费。参加城镇居民养老保险的城镇居民应当按规定缴纳养老保险费。缴费标准目前设为每年100元、200元、300元、400元、500元、600元、700元、800元、900元、1000元10个档次，地方人民政府可以根据实际情况增设缴费档次。参保人自主选择档次缴费，多缴多得。国家依据经济发展和城镇居民人均可支配收入增长等情况适时调整缴费档次。

（2）政府补贴。政府对符合待遇领取条件的参保人全额支付城镇居民养老保险基础养老金。其中，中央财政对中西部地区按中央确定的基础养老金标准给予全额补助，对东部地区给予50%的补助。地方人民政府应对参保人员缴费给予补贴，补贴标准不低于每人每年30元；对选择较高档次标准缴费的，可给予适当鼓励，具体标准和办法由省（区、市）人民政府确定。对城镇重度残疾人等缴费困难群体，地方人民政府为其代缴部分或全部最低标准的养老保险费。

（3）鼓励其他经济组织、社会组织和个人为参保人缴费提供资助。

3.基本制度模式

建立个人缴费与政府补贴相结合的城镇居民养老保险制度，实行社会统筹和个人账户相结合，与家庭养老、社会救助、社会福利等其他社会保障政策相配套，保障城镇居民老年基本生活。国家为每个参保人员建立终身记录的养老保险个人账户。个人缴费、地方人民政府对参保人的缴费补贴及其他来源的缴费资助，全部记入个人账户。个人账户储存额目前每年参考中国人民银行公布的金融机构人民币一年期存款利率计息。

4.养老金待遇

养老金待遇由基础养老金和个人账户养老金构成，支付终身。中央确定的基础养老金标准为每人每月55元。地方人民政府可以根据实际情况提高基础养老金标准，对于长期缴费的城镇居民，可适当加发基础养老金，提高和加发部分的资金由地方人民政府支出。个人账户养老金的月计发标准为个人账户储存额除以系数139（与现行职工基本养老保险及新农保个人账户养老金计发系数相同）。参保人员死亡，个人账户中的资金余额（政府补贴除外）可以依法继承；政府补贴余额用于继续支付其他参保人的养老金。

5.养老金待遇领取条件

参加城镇居民养老保险的城镇居民，年满60周岁，可按月领取养老金。城镇居民养老保险制度实施时，已年满60周岁，未享受职工基本养老保险待遇以及国家规定的其他养老待遇的，不用缴费，可按月领取基础养老金；距领取年龄不足15年的，应按年缴费，也允许补缴，累计缴费不超过15年；距领取年龄超过15年的，应按年缴费，累计缴费不少于15年。要引导城镇居民积极参保，长期缴费，长缴多得；引导城镇居民养老保险待遇领取人员的子女按规定参保缴费。具体办法由省（区、市）人民政府规定。

6.经办管理服务

开展城镇居民养老保险试点的地区，要认真记录城镇居民参保缴费和领取待遇情况，建立参保档案，长期妥善保存；建立全国统一的城镇居民养老保险信息管理系统，与职工基本养老保险、新农保信息管理系统整合，纳入社会保障信息管理系统（金保工程）建设，并与其他公民信息管理系统实现信息资源共享；要大力推行社会保障卡，方便参保人持卡缴费、领取待遇和查询本人参保信息。试点地区要按照精简效能原则，整合现有社会保险经办管理资源，建立健全统一的新农保与城镇居民养老保险经办机构,加强经办能力建设。城镇居民养老保险工作经费纳入同级财政预算,不得从城镇居民养老保险基金中开支。

**三、补充养老保险**

目前主要有企业年金和职业年金两种形式。

(一)企业年金

企业年金,是指企业及其职工在依法参加基本养老保险的基础上,自愿建立的补充养老保险制度。

1.建立企业年金的条件

建立企业年金。符合下列条件的企业,可以建立企业年金:(1)依法参加基本养老保险并履行缴费义务;(2)具有相应的经济负担能力;(3)已建立集体协商机制。

2.建立企业年金的程序

建立企业年金,应当由企业与工会或职工代表通过集体协商确定,并制定企业年金方案。国有及国有控股企业的企业年金方案草案应当提交职工大会或职工代表大会讨论通过。企业年金方案应当包括以下内容:(1)参加人员范围;(2)资金筹集方式;(3)职工企业年金个人账户管理方式;(4)基金管理方式;(5)计发办法和支付方式;(6)支付企业年金待遇的条件;(7)组织管理和监督方式;(8)中止缴费的条件;(9)双方约定的其他事项。企业年金方案适用于企业试用期满的职工。企业年金方案应当报送所在地区县以上地方人民政府劳动保障行政部门。中央所属大型企业企业年金方案,应当报送劳动保障部。劳动保障行政部门自收到企业年金方案文本之日起15日内未提出异议的,企业年金方案即行生效。

3.经费来源

企业年金所需费用由企业和职工个人共同缴纳。企业缴费的列支渠道按国家有关规定执行;职工个人缴费可以由企业从职工个人工资中代扣。企业缴费每年不超过本企业上年度职工工资总额的十二分之一。企业和职工个人缴费合计一般不超过本企业上年度职工工资总额的六分之一。企业年金基金由下列各项组成:(1)企业缴费;(2)职工个人缴费;(3)企业年金基金投资运营收益。

4.制度模式

企业年金基金实行完全积累,采用个人账户方式进行管理。企业年金基金可以按照国家规定投资运营。企业年金基金投资运营收益并入企业年金基金。企业缴费应当按照企业年金方案规定比例计算的数额计入职工企业年金个人账户;职工个人缴费额计入本人企业年金个人账户。企业年金基金投资运营收益,按净收益率计入企业年金个人账户。

5.享受待遇条件

职工在达到国家规定的退休年龄时,可以从本人企业年金个人账户中一次性或定期领取企业年金。职工未达到国家规定的退休年龄的,不得从个人账户中提前提取资金。出境定居人员的企业年金个人账户资金,可根据本人要求一次性支付给本人。职工变动工作单位时,企业年金个人账户资金可以随同转移。职工升学、参军、失业期间或新就业单位没有实行企业年金制度的,其企业年金个人账户可由原管理机构继续管理。职工或退休人员死亡后,其企业年金个人账户余额由其指定的受益人或法定继承人一次性领取。

6.企业年金的管理

建立企业年金的企业,应当确定企业年金受托人(以下简称受托人),受托管理企业年金。受托人可以是企业成立的企业年金理事会,也可以是符合国家规定的法人受托机构。企业年金理事会由企业和职工代表组成,也可以聘请企业以外的专业人员参加,其中职工代表应不少于三分之一。企业年金理事会除管理本企业的企业年金事务之外,不得从事其他任何形式的营业性活动。确定受托人应当签订书面合同。合同一方为企业,另一方为受托人。受托人可以委托具有资格的企业年金账户管理机构作为账户管理人,负责管理企业年金账户;可以委托具有资格的投资运营机构作为投资管理人,负责企业年金基金的投资运营。受托人应当选择具有资格的商业银行或专业托管机构作为托管人,负责托管企业年金基金。受托人与账户管理人、投资管理人和托管人确定委托关系,应当签订书面合同。企业年金基金必须与受托人、账户管理人、投资管理人和托管人的自有资产或其他资产分开管理,不得挪作其他用途。企业年金基金管理应当执行国家有关规定。

7.监督检查和争议处理

县级以上各级人民政府劳动保障行政部门负责对本办法的执行情况进行监督检查。对违反本办法规定的,由劳动保障行政部门予以警告,责令改正。因履行企业年金合同发生争议的,当事人可以依法提请仲裁或者诉讼;因订立或者履行企业年金方案发生争议的,按国家有关集体合同争议处理规定执行。参加企业基本养老保险社会统筹的其他单位,可参照本办法的规定执行。

(二)事业单位职业年金

职业年金,是指事业单位及其工作人员在依法参加事业单位工作人员基本养老保险的基础上,建立的补充养老保险制度。

**四、职工个人储蓄养老保险**

职工个人储蓄养老保险,是职工自愿以储蓄的方式为自己建立的养老社会保险。我国劳动法第七十五条第二款规定:"国家提倡劳动者个人进行储蓄性保险。"职工缴纳的个人储蓄性养老保险费,计入由社会保险机构为其在银行开设的养老保险个人账户,并按高于或不低于同期城乡居民储蓄存款利率计息,所得利息计入个人账户,本息一并归劳动者个人所有。这属于第三层次的养老保险,这方面的政策还很不完善,与老百姓自己在商业银行进行储蓄没有什么实质差别,故实际意义不大。

**【典型案例】**

## 一、农民工张某的养老保险权益

张某是一位农民工,他于1999年6月开始就在银川市一家物业公司上班,当时单位并未给张某缴纳基本养老保险费。2008年,单位通知张某要于2008年1月1日为其建立养老保险关系,单位和张某个人都要交费。张某考虑到自己终归还是要回到农村养老,也不愿意自己掏钱交费,于是双方约定,单位每月给张某增加50元工资以代替养老保险缴费。2012年,自学了一些法律知识的张某觉得自己还是有些亏,本案中张某的那些养老保险权益受到了损害,有补救办法吗?

## 二、蒋先生的养老金[①]

蒋先生1942年出生,1964年参加工作。在南京一家国有企业工作达31年并担任工程师。1995年,他调离原单位,到深圳工作,并在深圳参加了基本养老保险。2002年,他在深圳办理了退休手续。但是,退休后他却无处领取养老

①资料来源:《南方周末》,2004年7月1日。

金，因为深圳方面认为，根据中国现行养老保险政策，要领取基础养老金需缴费满15年，而蒋先生缴费仅7年，尚不具备领取基础养老金的条件。当蒋先生到南京原单位要求领取养老金时，南京方面却告诉他无法办理，因为他并未参加南京的基本养老保险。蒋先生遂将南京市社保局告上了法庭。2004年6月9日，南京市白下区法院一审判决蒋先生诉南京市社保局不履行办理退休手续法定职责案败诉。

"按照国务院有关规定，我的养老保险'视同缴费'和实际缴费年限累计达到37年。可为什么我就领不到养老金呢？现在法院也判我败诉了。我在哪里才能领到养老金？难道我工作了一辈子，到头来却是'老无所养'？"两年来，60多岁的蒋先生一直在为自己的养老金苦苦奔波于深圳、南京和北京三地。

## 三、养老保险金引发的法庭之争①

上诉人（原审被告）某摩托车检测维修有限公司。

法定代表人郭某，该公司董事长。

委托代理人韦某，该公司法律顾问。

被上诉人（原审原告）黄某，男，生于1971年8月2日，汉族，某市人。原系上诉人单位职工。

委托代理人宋某，某律师事务所律师。

上诉人某摩托车检测维修有限公司（以下简称"某公司"）因与被上诉人黄某劳动争议纠纷一案，不服某市某区人民法院（2009）某民初字第447号民事判决，向本院提起上诉。本院受理后，依法组成合议庭对本案进行了公开开庭审理。上诉人某公司的委托代理人韦某、被上诉人黄某及其委托代理人宋某到庭参加诉讼。本案现已审理终结。

原审判决认定，原告黄某于1988年3月7日到被告某公司的前身某市摩托车修配厂工作至今。期间，被告公司经发展变更至今天的某摩托车检测维修有限公司。2001年3月23日原告被公司指派到城固分公司工作并任负责人。这期间，原告在城固分公司实行的是按销售一辆摩托车提成50元的大包干责任制。2008年3月4日，原、被告双方因发生经济纠纷，原告被公司召回，但未安排具体工作。原告在被告公司工作期间，双方未签订书面劳动合同，被告也未给原告办理相关养老保险及失业保险等社会保险。原告因此向劳动争议仲

---

① 引自于北大法意，大陆裁判文书，中国司法案例数据库2.0版，收入时有改动。

裁委员会申请劳动仲裁，该仲裁委于2008年12月15日以原告的申请已超过仲裁时效为由做出“劳仲字(2008)65号不予受理决定书”，对其申请不予受理。原告遂提起诉讼，请求判决解除与被告公司之间的劳动关系；由被告支付其因解除劳动关系的经济补偿金11200元；由被告为其补办1988年3月至2008年12月的养老保险及失业保险；由被告补发其2001年3月至2008年3月在城固分公司工作期间的加班工资和值夜班工资44702元；由被告支付其2008年3月至2008年12月期间不安排工作的工资损失5600元；由被告支付其未签订书面劳动合同期间二倍的工资差额6160元；由被告退还其押金500元。

原审法院审理后认为，原告自1988年3月7日进入被告公司工作至今，双方之间虽未签订书面劳动合同，但已形成事实上的劳动关系。原告请求被告为其办理养老保险及失业保险，于法有据，原告并因此而提出终止与被告的劳动关系是其真实意思表示，均应予以支持。被告还应支付原告因解除劳动关系的经济补偿金。被告自2008年3月4日因双方经济纠纷停止原告工作至诉讼，不给原告安排工作也未处理显属不妥，应承担原告待工期间最低工资损失。原告在被告公司工作已满二十年，被告理应按照《劳动合同法》与原告签订书面劳动合同，故原告要求被告承担未签订书面劳动合同期间二倍工资差额应予以支持；但原告要求被告补发加班工资和值夜班工资无证据，不予支持。被告辩称未与原告签订书面劳动合同应视为双方无劳动关系的辩解理由与法相悖，不予支持。依照《中华人民共和国劳动合同法》第三十八条、第四十六条、第四十七条、第七十二条之规定，判决：一、自2008年12月29日起原、被告之间劳动关系终止；二、被告于判决生效后十五日内支付原告经济补偿金11200元；三、被告自1988年3月7日起至2008年12月29日止，按国家相关规定为原告补办养老及失业保险手续；四、被告于判决生效十五日内支付因未与原告签订书面劳动合同二倍工资差额6160元；五、被告于判决生效后十五日内退还原告保证金500元；六、驳回原告其他诉讼请求。案件受理费10元由被告负担。

上诉人某公司不服原审判决，上诉称：一、双方不存在劳动关系。2001年上诉人改制后与所有员工进行双向选择，如愿在公司继续干就签订劳动合同，如不愿在公司干可以承包销售部按销售提成，公司不发工资。被上诉人自愿选择后者，在2001年3月23日承包了某分公司销售部，直到2008年3月，采取的是按销售每辆车提成50元，公司只提供车辆，不发工资，被上诉人怎样上班、如何经营，与公司其他员工性质明显不同，因此双方之间不存在劳动关系。一审仅凭1988年的一份500元待业费收据就认为双方存在劳动关系，显然错误。二、被上诉人为了将摩托车销售款40000多元据为己有，故意向法院起诉以图将该款折抵所谓的加班费等，一审判决变相满足了被上诉人的非法目的。三、假定双方劳动关系成立，一审判决第二、三、四项没有事实依据和计算依据，尤其是第四项二倍工资不知从何而来，因为2008年3月被上诉人即停止了工作。综上，请求二审依法撤销一审判决，改判驳回被上诉人的诉讼请求。

被上诉人黄某答辩称：一、一审判决认定被答辩人与答辩人之间存在事实劳动关系，事实清楚，证据确凿。一审判决通过1988年3月7日被答辩人出具给答辩人的待业保证金收据一张认定答辩人到被答辩人公司上班的时间；以2001年3月答辩人被答辩人被安排到分公司工作时的一份交接单，证实了答辩人在被答辩人的分公司上班的事实及起初按提成制计发工资的事实；通过证人证言证实了答辩人被公司停止工作后并没有与被答辩人解除事实劳动关系的事实。二、答辩人与被答辩人的经济纠纷与本案劳动争议无直接关系，答辩人依法应当享受相应的劳动保障。三、一审判决的经济补偿金11200元是根据答辩人在公司20年工龄并参照2007年该市某区最低工资标准560元计算得出的；未签订劳动合同的二倍工资是从2008年2月至12月共计11个月按最低工资标准560元计算得出的。故请求二审法院驳回上诉，维持原判。

本院审理查明，一审判决所认定的事实，上诉人某公司上诉持有异议的除外，对于双方当事人无异议的部分，本院依法予以确认。另补充查明：被上诉人黄某于1988年3月7日被上诉人某公司的前身“摩托车修配厂”聘用为职工，该厂收取黄某待业费500元，实为保证金。2008年3月4日黄某被上诉人某公司召回清账，由于清账中双方当事人意见不一致，上诉人暂未另行安排黄某工作。2007年汉中市汉台区最低工资为560元。上诉人某公司为私营性质企业。

本院认为，被上诉人黄某自1988年3月7日到上诉人某公司的前身“摩托车修配厂”交纳了保证金并开始工作的事实客观存在，双方虽未签订劳动合同，但被上诉人黄某在该单位的工作一直未间断过，故黄某与上诉人之间一直存在事实上的劳动关系。上诉人称与黄某之间不存在劳动关系，显然与事实不符。上诉人应当依法为劳动者黄某办理养老保险待遇而一直未办理，黄某据此要求解除与上诉人的劳动关系并要求上诉人为其补办养老保险待遇的理由正当，依法应予以支持。根据国务院《社会保险费征缴暂行条例》第三条及《某省城镇企业职工基本养老保险条例》（某省人大常委会于1998年8月22日公布施行）第二条、第三条规定，上诉人应当自1998年8月22日起为黄某办理养老保险金,应由黄某个人交纳养老金的部分由其个人承担。黄某要求上诉人支付因解除劳动关系的经济补偿金的诉请符合法律规定,应当予以支持;但原审按黄某工作已满20年,判处支付其20个月的经济补偿金,与《劳动合同法》第九十七条第三款关于经济补偿金的规定不相符合,本院依法予以纠正。本案系劳动者黄某提出要求与用人单位上诉人之间解除劳动关系,则根据国务院《失业保险条例》第二条第三款、第十四条第一款第(二)项规定,黄某要求上诉人为其补办失业保险的请求理由不当,本院依法不予支持。由于本案双方当事人之间劳动关系属企业内部的承包关系,上诉人召回被上诉人黄某是为清理承包期间销售车款账目,但双方之间并没有明确解除内部承包关系,故被上诉人黄某要求上诉人支付因未签订书面劳动合同的二倍工资的理由不能成立,本院不予支持。综上,原审判决认定部分事实不清,适用法律存在错误,本院依法予以纠正。依照《中华人民共和国劳动法》第七十二条、《中华人民共和国劳动合同法》第三十八条第一款第(三)项、第四十六条第(一)项、第四十七条第一款、第九十七条第三款、国务院《社会保险费征缴暂行条例》第三条及《失业保险条例》第二条第三款、第十四条第一款(二)项、《陕西省城镇企业职工基本养老保险条例》第二条、第三条,《中华人民共和国民事诉讼法》第一百五十三条第一款第(二)、(三)项之规定,判决如下:

一、维持某市某区人民法院(2009)某民初字第447号民事判决第一、五、六项;

二、撤销某市某区人民法院(2009)某民初字第447号民事判决第二、三、四项;

三、由上诉人某摩托车检测维修有限公司支付被上诉人黄某经济补偿金6720元(按12个月,每月560元计算);

四、由上诉人某摩托车检测维修有限公司为被上诉人黄某补办、补缴1998年8月22日至2008年12月29日期间的养老保险金;应由被上诉人黄某个人缴纳的部分由其个人承担。

上述给付内容和办理养老保险金缴纳事项限判决生效后三十日内履行清结。

上诉案件受理费10元由上诉人某公司负担。

本判决为终审判决。

## 【以案说法】

### 一、农民工张某的养老保险权益

按照现行法律规定，农民工必须参加城镇职工养老保险，基本养老保险是国家以法律手段强制推行的一种制度，所以本案中张某与单位约定以给张某每月增加50元的工资来代替养老保险缴费的做法是违法的，并不能免除双方补充缴纳养老保险费的义务。

另外，本案中用人单位应自1999年6月起就为劳动者缴纳养老保险费，具体应按用人单位工资总额的20%缴纳，张某则应按个人工资总额的8%缴纳。如果当时未缴纳，以后也应该补缴。这里要特别说明的是好多农民工都不知道维护自己的合法权益——要求用人单位补缴养老保险费要受仲裁申诉时效的限制，即在知道或应当知道用人单位未给自己缴纳养老保险费之日起一年内提请仲裁，好多农民工都不懂得提起仲裁或在一年后才提起仲裁，则其实体权利已不受法律的保护了。农民工最好就是在用人单位应缴而未缴纳养老保险费的一年时间内主张权利，或者至少也应该在解除或终止劳动合同的同时主张权利。在解除或终止劳动合同的一年内是否还可主张权利，法律没有明确规定，笔者以为可以参照主张劳动报酬的规定在解除或终止劳动合同的一年内要求用人单位补缴养老保险费，视为未过仲裁申诉时效。

最后，农民工完全不用担心自己的养老保险费会因为自己返回农村而付之东流。根据社会保险法的规定，农民工达到法定退休年龄并且累计缴费满15年，可以按月领取基本养老金。农民工达到法定退休年龄时累计缴费不足15年的，可以缴费至满15年，按月领取基本养老金。也可以转入新型农村社会养老保险或者城镇居民社会养老保险，按照国务院规定享受相应的养老保险待遇。农民工自己缴纳的那一部分全部划入个人账户，个人账户不得提前支取，记账利率不得低于银行定期存款利率，免征利息税。个人死亡的，个人账户余额可以继承。由此可见，农民工完全不必因为自己最终要返回农村而担忧，如果因此而拒绝参保或要求退保，一则法律不允许，二则单位不答应，三则统筹账户部分的利益就有可能受到损失。

### 二、蒋先生的养老金

本案涉及我国养老保险转移接续的问题。由于我国基本养老保险尚未做到全国统筹，各地养老保险基金目前由地方统筹，自负盈亏，由此各地只会要求在本地缴纳基本养老保险费的职工退休后在本地领取养老保险金，或者对将外地基金转移到本地的职工发放基本养老金。本案中蒋先生在深圳缴费不足15年，其在南京‘视同缴费’部分的养老保险基金未得到南京社保局的认可，也未转到深圳，故深圳和南京都不给蒋先生支付养老保险金就是必然的了。

蒋先生式的问题要得到解决，一是可通过实行养老保险的全国统筹来解决，但目前还实现不了；二是可通过分段计算、统一支付的方式来解决；三是可以缴费至满15年，按月领取基本养老金。也可以转入新型农村社会养老保险或者城镇居民社会养老保险，按照国务院规定享受相应的养老保险待遇。不过按第三种模式来解决对于蒋先生来说还是有些亏。不过本案中按分段计算、统一支付的模式来进行也是存在一定的问题的，因为蒋先生于1995年调离原工作单位，2004年才主张权利，早于过了60日的仲裁申诉时效，并早已丧失了胜诉权。如果该争议发生在2012年，蒋先生可以选择缴费至满15年，按月领取基本养老金；也可以选择转入城镇居民社会养老保险，按照国务院规定享受相应的养老保险待遇。

### 三、养老保险金引发的法庭之争

本案争议焦点：

1.原告提起仲裁时是否已过仲裁时效？

本案一审原告因此向劳动争议仲裁委员会申请劳动仲裁，该仲裁委于2008年12月15日以原告的申请已超过仲裁时效为由做出“某区劳仲字(2008)65号不予受理决定书”，对其申请不予受理。由于劳动争议调解仲裁法自2008年5月1日起施行，根据该法第二十七条的规定，劳动争议申请仲裁的时效期间为一年。仲裁时效期间从当事人知道或者应当知道其权利被侵害之日起计算。2008年3月4日，原、被告双方因发生经济纠纷，原告被公司召回，但未安排具体工作。原告在被告公司工作期间，双方未签订书面劳动合同，被告也未给原告办理相关养老保险及失业保险等社会保险。由此可见，双方于2008年3月4日发生经济纠纷和未安排具体工作纠纷到2008年12月15日止尚未超过一年的仲裁时效。至于原告在被告公司工作期间，双方未签订书面劳动合同，被告也未给原告办理相关养老保险及失业保险等社会保险的侵权事实从1988年3月7日就一直存在，但因双方的劳动合同没有中断，又劳动争议调解仲裁法第二十七条第四款规定“劳动关系存续期间因拖欠劳动报酬发生争议的，劳动者申请仲裁不受本条第一款规定的仲裁时效期间的限制；但是，劳动关系终止的，应当自劳动关系终止之日起一年内提出”，此规定尽管是针对劳动报酬的，但根据法律漏洞填补规则，其对养老保险及失业保险等社会保险也应该是完全适用的，故某区劳仲字(2008)65号不予受理决定是错误的。

2.双方是否存在劳动关系？

在本案中，上诉人某公司不服原审判决，上诉称：2001年上诉人改制后与所有员工进行双向选择，如愿在公司继续干就签订劳动合同，如不愿在公司干可以承包销售部并按销售提成，公司不发工资。被上诉人自愿选择后者，在2001年3月23日承包了分公司销售部，直到2008年3月，采取的是按销售每辆车提成50元，公司只提供车辆，不发工资，被上诉人与公司其他员工性质明显不同，因此双方之间不存在劳动关系。一审仅凭1988年的一份500元待业费收据就认为双方存在劳动关系，显然错误。

笔者以为，本案所涉社会关系的性质必须搞清楚，因为承包关系和劳动关系在性质上存在重大区别。一般认为，企业内部承包合同与劳动合同存在如下区别：(1)劳动报酬收入性质不同。在企业内部承包合同中，承包者的劳动报酬收入兼有生产经营收入和劳动报酬性质。在劳动合同中，劳动者所获得的收入只具有劳动报酬的性质。(2)合同内容不同。企业内部承包合同以经营管理责任制为主要内容，而劳动合同则以劳动权利和义务为内容。(3)当事人一方在合同中的责任不同。在企业内部承包合同中，承包人要对所承包的生产经营成果负责。而在劳动合同中，劳动者只对本人所担负的生产经营任务负责。(4)合同当事人一方在合同中的身份不同。在企业内部承包合同中，承包人在其承包经营范围内是生产经营的组织者和管理者。而在劳动合同中，劳动者在劳动过程中只是劳动者和被管理者。(5)合同目的不同。企业内部承包合同的目的是为了采用责任制的方式，完成生产工作任务，创造企业效益，而劳动合同目的主要是确立劳动关系。[①]本案中，直到2008年3月，采取的是按销售每辆车提成50元，公司只提供车辆，不发工资，被上诉人与公司其他员工性质明显不同。但是，如果本案原审原告并不对所承包的生产经营成果负责，不落实经济管理责任制，只是对自己的工资负责，则尽管公司采取的是按

① 王全兴著：《劳动法》，法律出版社，2008年第3版，第128页。

销售每辆车提成50元,公司只提供车辆,不发工资,其合同性质仍然属于劳动合同性质。从本案证据来看,显然无法证实该协议具有承包合同属性,因而法院的认定是正确的。

3.未签订书面劳动合同是否应支付两倍工资?

二审法院认为,由于本案双方当事人之间劳动关系属企业内部的承包关系,上诉人召回被上诉人黄某是为清理承包期间销售车款账目,但双方之间并没有明确解除内部承包关系,故被上诉人黄某要求上诉人支付因未签订书面劳动合同的双倍工资的理由不能成立,本院不予支持。笔者以为该观点值得商榷,因为本案双方当事人并未签订有书面的承包合同,且本案本质上属于劳动合同,而非企业内部的承包合同,否则就不应适用劳动合同法来处理该纠纷了。但因为2008年3月被上诉人即被停止了工作,双方即已发生了纠纷,故计算双倍工资可计算2008年2月到3月共一个多月的双倍工资。

4.养老关系应从何时补办?

由上诉人某摩托车检测维修有限公司为被上诉人黄某补办、补缴1998年8月22日至2008年12月29日期间的养老保险金;应由被上诉人黄某个人缴纳的部分由其个人承担。根据国务院《社会保险费征缴暂行条例》第三条及《陕西省城镇企业职工基本养老保险条例》(陕西省人大常委会于1998年8月22日公布施行)第二条、第三条规定,上诉人应当自1998年8月22日起为黄某办理养老保险金,应由黄某个人交纳养老金的部分由其个人承担。《社会保险费征缴暂行条例》于1999年1月14日经国务院第13次常务会议通过,1999年1月22日国务院令第259号发布,自发布之日起施行。《某省城镇企业职工基本养老保险条例》经某省第九届人民代表大会常务委员会第四次会议于1998年8月22日通过,同日公布施行。由于《某省城镇企业职工基本养老保险条例》于1998年8月22日起早于《社会保险费征缴暂行条例》施行,故上诉人应当自1998年8月22日起为黄某办理养老保险手续,又由于养老保险由统筹账户和个人账户组成,故单位应按本单位职工工资总额的20%,个人应按个人工资的8%缴纳养老保险费。劳动法第一百条规定,用人单位无故不缴纳社会保险费的,由劳动行政部门责令其限期缴纳;逾期不缴的,可以加收滞纳金。由此可见,缴纳社会保险费是劳动法规定的用人单位的法定义务,而劳动法自1995年1月1日起就施行了,故本案判决用人单位于1998年8月22日起为黄某办理养老保险手续也是值得商榷的,因为双方的劳动关系建立于1988年3月7日,劳动法施行于1995年1月1日。

5.经济补偿金如何计算？

劳动合同法第九十七条第三款规定，本法施行之日存续的劳动合同在本法施行后解除或者终止，依照本法第四十六条规定应当支付经济补偿的，经济补偿年限自本法施行之日起计算；本法施行前按照当时有关规定，用人单位应当向劳动者支付经济补偿的，按照当时有关规定执行。法院认为本案系劳动者黄某提出要求与用人单位上诉人之间解除劳动关系，根据违反和解除劳动合同的经济补偿办法第五条规定，经劳动合同当事人协商一致，由用人单位解除劳动合同的，用人单位应根据劳动者在本单位工作年限，每满一年发给相当于一个月工资的经济补偿金，最多不超过十二个月。工作时间不满一年的按一年的标准发给经济补偿金。笔者以为本案是经法院判决解除劳动合同的，而非经劳动合同当事人协商一致解除劳动合同，且劳动者没有什么过错，将经济补偿金限制为十二个月法律依据并不十分明确。

6.补办失业保险的条件是什么？

二审法院认为本案系劳动者黄某提出要求与用人单位上诉人之间解除劳动关系，则根据国务院《失业保险条例》第二条第三款、第十四条第一款第（二）项规定，黄某要求上诉人为其补办失业保险的请求理由不当，本院依法不予支持。笔者以为根据国务院《失业保险条例》第二条第三款、第十四条第一款第（二）项规定仅能得出黄某不能享受失业保险待遇的结论，而得不出上诉人不应为其补办失业保险手续的结论，故法院就此项的判决结论值得商榷。

**【法条链接】**

**社会保险法**

**第十条**　职工应当参加基本养老保险，由用人单位和职工共同缴纳基本养老保险费。无雇工的个体工商户、未在用人单位参加基本养老保险的非全日制从业人员以及其他灵活就业人员可以参加基本养老保险，由个人缴纳基本养老保险费。公务员和参照公务员法管理的工作人员养老保险的办法由国务院规定。

**第十二条**　用人单位应当按照国家规定的本单位职工工资总额的比例缴纳基本养老保险费，记入基本养老保险统筹基金。职工应当按照国家规定的本人工资的比例缴纳基本养老保险费，记入个人账户。无雇工的个体工商户、未在用人单位参加基本养老保险的非全日制从业人员以及其他灵活就业人员参加基本养老保险的,应当按照国家规定缴纳基本养老保险费,分别记入基本养老保险统筹基金和个人账户。

**第十四条** 个人账户不得提前支取,记账利率不得低于银行定期存款利率,免征利息税。个人死亡的,个人账户余额可以继承。

**第十六条** 参加基本养老保险的个人,达到法定退休年龄时累计缴费满十五年的,按月领取基本养老金。参加基本养老保险的个人,达到法定退休年龄时累计缴费不足十五年的,可以缴费至满十五年,按月领取基本养老金;也可以转入新型农村社会养老保险或者城镇居民社会养老保险,按照国务院规定享受相应的养老保险待遇。

## 劳动争议调解仲裁法

**第二十七条** 劳动争议申请仲裁的时效期间为一年。仲裁时效期间从当事人知道或者应当知道其权利被侵害之日起计算。前款规定的仲裁时效,因当事人一方向对方当事人主张权利,或者向有关部门请求权利救济,或者对方当事人同意履行义务而中断。从中断时起,仲裁时效期间重新计算。因不可抗力或者有其他正当理由,当事人不能在本条第一款规定的仲裁时效期间申请仲裁的,仲裁时效中止。从中止时效的原因消除之日起,仲裁时效期间继续计算。劳动关系存续期间因拖欠劳动报酬发生争议的,劳动者申请仲裁不受本条第一款规定的仲裁时效期间的限制;但是,劳动关系终止的,应当自劳动关系终止之日起一年内提出。

## 国务院办公厅关于转发人力资源社会保障部财政部城镇企业职工基本养老保险关系转移接续暂行办法的通知

**第一条** 为切实保障参加城镇企业职工基本养老保险人员(以下简称参保人员)的合法权益,促进人力资源合理配置和有序流动,保证参保人员跨省、自治区、直辖市(以下简称跨省)流动并在城镇就业时基本养老保险关系的顺畅转移接续,制定本办法。

**第二条** 本办法适用于参加城镇企业职工基本养老保险的所有人员,包括农民工。已经按国家规定领取基本养老保险待遇的人员,不再转移基本养老保险关系。

**第三条** 参保人员跨省流动就业的,由原参保所在地社会保险经办机构

（以下简称社保经办机构）开具参保缴费凭证，其基本养老保险关系应随同转移到新参保地。参保人员达到基本养老保险待遇领取条件的，其在各地的参保缴费年限合并计算，个人账户储存额（含本息，下同）累计计算；未达到待遇领取年龄前，不得终止基本养老保险关系并办理退保手续；其中出国定居和到香港、澳门、台湾地区定居的，按国家有关规定执行。

**第四条**　参保人员跨省流动就业转移基本养老保险关系时，按下列方法计算转移资金：

（一）个人账户储存额：1998年1月1日之前按个人缴费累计本息计算转移，1998年1月1日后按计入个人账户的全部储存额计算转移。

（二）统筹基金（单位缴费）：以本人1998年1月1日后各年度实际缴费工资为基数，按12%的总和转移，参保缴费不足1年的，按实际缴费月数计算转移。

**第五条**　参保人员跨省流动就业，其基本养老保险关系转移接续按下列规定办理：

（一）参保人员返回户籍所在地（指省、自治区、直辖市，下同）就业参保的，户籍所在地的相关社保经办机构应为其及时办理转移接续手续。

（二）参保人员未返回户籍所在地就业参保的，由新参保地的社保经办机构为其及时办理转移接续手续。但对男性年满50周岁和女性年满40周岁的，应在原参保地继续保留基本养老保险关系，同时在新参保地建立临时基本养老保险缴费账户，记录单位和个人全部缴费。参保人员再次跨省流动就业或在新参保地达到待遇领取条件时，将临时基本养老保险缴费账户中的全部缴费本息，转移归集到原参保地或待遇领取地。

（三）参保人员经县级以上党委组织部门、人力资源社会保障行政部门批准调动，且与调入单位建立劳动关系并缴纳基本养老保险费的，不受以上年龄规定限制，应在调入地及时办理基本养老保险关系转移接续手续。

**第六条**　跨省流动就业的参保人员达到待遇领取条件时，按下列规定确定其待遇领取地：

（一）基本养老保险关系在户籍所在地的，由户籍所在地负责办理待遇领取手续，享受基本养老保险待遇。

（二）基本养老保险关系不在户籍所在地，而在其基本养老保险关系所在地累计缴费年限满10年的，在该地办理待遇领取手续，享受当地基本养老保险待遇。

（三）基本养老保险关系不在户籍所在地，且在其基本养老保险关系所在地累计缴费年限不满10年的，将其基本养老保险关系转回上一个缴费年限满10年的原参保地办理待遇领取手续，享受基本养老保险待遇。

（四）基本养老保险关系不在户籍所在地，且在每个参保地的累计缴费年限均不满10年的，将其基本养老保险关系及相应资金归集到户籍所在地，由户籍所在地按规定办理待遇领取手续，享受基本养老保险待遇。

**第七条** 参保人员转移接续基本养老保险关系后，符合待遇领取条件的，按照《国务院关于完善企业职工基本养老保险制度的决定》（国发〔2005〕38号）的规定，以本人各年度缴费工资、缴费年限和待遇领取地对应的各年度在岗职工平均工资计算其基本养老金。

**第八条** 参保人员跨省流动就业的，按下列程序办理基本养老保险关系转移接续手续：

（一）参保人员在新就业地按规定建立基本养老保险关系和缴费后，由用人单位或参保人员向新参保地社保经办机构提出基本养老保险关系转移接续的书面申请。

（二）新参保地社保经办机构在15个工作日内，审核转移接续申请，对符合本办法规定条件的，向参保人员原基本养老保险关系所在地的社保经办机构发出同意接收函，并提供相关信息；对不符合转移接续条件的，向申请单位或参保人员做出书面说明。

（三）原基本养老保险关系所在地社保经办机构在接到同意接收函的15个工作日内，办理好转移接续的各项手续。

（四）新参保地社保经办机构在收到参保人员原基本养老保险关系所在地社保经办机构转移的基本养老保险关系和资金后，应在15个工作日内办结有关手续，并将确认情况及时通知用人单位或参保人员。

**第九条** 农民工中断就业或返乡没有继续缴费的，由原参保地社保经办机构保留其基本养老保险关系，保存其全部参保缴费记录及个人账户，个人账户储存额继续按规定计息。农民工返回城镇就业并继续参保缴费的，无论其回到原参保地就业还是到其他城镇就业，均按前述规定累计计算其缴费年限，合并计算其个人账户储存额，符合待遇领取条件的，与城镇职工同样享受基本养老保险待遇；农民工不再返回城镇就业的，其在城镇参保缴费记录及个人账户全部有效，并根据农民工的实际情况，或在其达到规定领取条件时享受城镇职工基本养老保险待遇，或转入新型农村社会养老保险。

农民工在城镇参加企业职工基本养老保险与在农村参加新型农村社会养

老保险的衔接政策，另行研究制定。

**第十条**　建立全国县级以上社保经办机构联系方式信息库，并向社会公布，方便参保人员查询参保缴费情况，办理基本养老保险关系转移接续手续。加快建立全国统一的基本养老保险参保缴费信息查询服务系统，发行全国通用的社会保障卡，为参保人员查询参保缴费信息提供便捷有效的技术服务。

**第十一条**　各地已制定的跨省基本养老保险关系转移接续相关政策与本办法规定不符的，以本办法规定为准。在省、自治区、直辖市内的基本养老保险关系转移接续办法，由各省级人民政府参照本办法制定，并报人力资源社会保障部备案。

**第十二条**　本办法所称缴费年限，除另有特殊规定外，均包括视同缴费年限。

**第十三条**　本办法从2010年1月1日起施行。

## 关于建立统一的城乡居民基本养老保险制度的意见

### 三、参保范围

年满16周岁(不含在校学生)，非国家机关和事业单位工作人员及不属于职工基本养老保险制度覆盖范围的城乡居民，可以在户籍地参加城乡居民养老保险。

### 四、基金筹集

城乡居民养老保险基金由个人缴费、集体补助、政府补贴构成。

(一)个人缴费

参加城乡居民养老保险的人员应当按规定缴纳养老保险费。缴费标准目前设为每年100元、200元、300元、400元、500元、600元、700元、800元、900元、1000元、1500元、2000元12个档次，省(区、市)人民政府可以根据实际情况增设缴费档次，最高缴费档次标准原则上不超过当地灵活就业人员参加职工基本养老保险的年缴费额，并报人力资源社会保障部备案。人力资源社会保障部会同财政部依据城乡居民收入增长等情况适时调整缴费档次标准。参保人自主选择档次缴费，多缴多得。

(二)集体补助

有条件的村集体经济组织应当对参保人缴费给予补助，补助标准由村民委员会召开村民会议民主确定，鼓励有条件的社区将集体补助纳入社区公益事业资金筹集范围。鼓励其他社会经济组织、公益慈善组织、个人为参保人缴费提供资助。补助、资助金额不超过当地设定的最高缴费档次标准。

(三)政府补贴

政府对符合领取城乡居民养老保险待遇条件的参保人全额支付基础养老金，其中，中央财政对中西部地区按中央确定的基础养老金标准给予全额补助，对东部地区给予50%的补助。

地方人民政府应当对参保人缴费给予补贴，对选择最低档次标准缴费的，补贴标准不低于每人每年30元；对选择较高档次标准缴费的，适当增加补贴金额；对选择500元及以上档次标准缴费的，补贴标准不低于每人每年60元，具体标准和办法由省(区、市)人民政府确定。对重度残疾人等缴费困难群体，地方人民政府为其代缴部分或全部最低标准的养老保险费。

## 五、建立个人账户

国家为每个参保人员建立终身记录的养老保险个人账户，个人缴费、地方人民政府对参保人的缴费补贴、集体补助及其他社会经济组织、公益慈善组织、个人对参保人的缴费资助，全部记入个人账户。个人账户储存额按国家规定计息。

## 六、养老保险待遇及调整

城乡居民养老保险待遇由基础养老金和个人账户养老金构成，支付终身。

(一)基础养老金

中央确定基础养老金最低标准，建立基础养老金最低标准正常调整机制，根据经济发展和物价变动等情况，适时调整全国基础养老金最低标准。地方人民政府可以根据实际情况适当提高基础养老金标准；对长期缴费的，可适当加发基础养老金，提高和加发部分的资金由地方人民政府支出，具体办法由省(区、市)人民政府规定，并报人力资源社会保障部备案。

(二)个人账户养老金

个人账户养老金的月计发标准，目前为个人账户全部储存额除以139(与现行职工基本养老保险个人账户养老金计发系数相同)。参保人死亡，个人账户资金余额可以依法继承。

### 七、养老保险待遇领取条件

参加城乡居民养老保险的个人，年满60周岁、累计缴费满15年，且未领取国家规定的基本养老保障待遇的，可以按月领取城乡居民养老保险待遇。

新农保或城居保制度实施时已年满60周岁，在本意见印发之日前未领取国家规定的基本养老保障待遇的，不用缴费，自本意见实施之月起，可以按月领取城乡居民养老保险基础养老金；距规定领取年龄不足15年的，应逐年缴费，也允许补缴，累计缴费不超过15年；距规定领取年龄超过15年的，应按年缴费，累计缴费不少于15年。

城乡居民养老保险待遇领取人员死亡的，从次月起停止支付其养老金。有条件的地方人民政府可以结合本地实际探索建立丧葬补助金制度。社会保险经办机构应每年对城乡居民养老保险待遇领取人员进行核对；村（居）民委员会要协助社会保险经办机构开展工作，在行政村（社区）范围内对参保人待遇领取资格进行公示，并与职工基本养老保险待遇等领取记录进行比对，确保不重、不漏、不错。

### 八、转移接续与制度衔接

参加城乡居民养老保险的人员，在缴费期间户籍迁移、需要跨地区转移城乡居民养老保险关系的，可在迁入地申请转移养老保险关系，一次性转移个人账户全部储存额，并按迁入地规定继续参保缴费，缴费年限累计计算；已经按规定领取城乡居民养老保险待遇的，无论户籍是否迁移，其养老保险关系不转移。

城乡居民养老保险制度与职工基本养老保险、优抚安置、城乡居民最低生活保障、农村五保供养等社会保障制度以及农村部分计划生育家庭奖励扶助制度的衔接，按有关规定执行。

### 十、基金监督

各级人力资源社会保障部门要会同有关部门认真履行监管职责，建立健全内控制度和基金稽核监督制度，对基金的筹集、上解、划拨、发放、存储、管理等进行监控和检查，并按规定披露信息，接受社会监督。财政部门、审计部门按各自职责，对基金的收支、管理和投资运营情况实施监督。对虚报冒领、挤占挪用、贪污浪费等违纪违法行为，有关部门按国家有关法律法规严肃处理。要积极探索有村（居）民代表参加的社会监督的有效方式，做到基金公开透明，制度在阳光下运行。

【扩展阅读】

## 劳动者要求用人单位补缴基本养老保险费，用人单位不同意，劳动者该如何做？

依据《社会保险费征缴暂行条例》(国务院令第259号)和《国务院关于建立统一的企业职工基本养老保险制度的决定》(国发〔1997〕26号)的规定，城镇所有企业及其职工应当参加基本养老保险。所以说劳动者所在的企业没有给职工办理基本养老保险的做法是违反法律规定的，劳动者可以依据法律规定要求用人单位补缴。那在企业拒绝补缴基本养老保险费的情况下，劳动者应如何维护自己的权利？劳动者可以通过两种途径维护自己的权利："第一，劳动者可以依据《社会保险费申报缴纳管理暂行办法》的规定，向社会保险经办机构举报企业不为职工参加基本养老保险及缴纳基本养老保险费的情况，社会保险经办机构接到举报后，应当及时向劳动保障行政部门报告，并对企业的缴费情况进行调查，督促用人单位及时为职工补缴基本养老保险费。或依据《社会保险费征缴监督检查办法》(劳动和社会保障部令第3号)及《劳动保障监察条例》(国务院令第423号)的规定，向劳动保障部门举报，劳动保障部门应指定专人接待群众投诉。劳动保障部门对受理符合条件的举报，应当在7日内立案受理，进行调查处理，并且一般应当在30天内处理结案。劳动保障行政部门对于用人单位的违法行为，可以依据《社会保险费征缴暂行条例》《社会保险费征缴监督检查办法》的规定责令企业改正，情节严重的劳动保障部门还可做出处罚决定；第二，劳动者还可以依据《劳动争议调解仲裁法》的规定，自知道或者应当知道其权利受到侵害之日起1年内申请劳动争议仲裁。要求用人单位补缴基本养老保险费。仲裁庭审理劳动争议案件，应当自受理仲裁申请之日45天内做出仲裁裁决。案情复杂的，经劳动争议仲裁委员会主任批准，可以适当延期，但是延长的期限不得超过15日。逾期未做出仲裁裁决的，当事人可以就该劳动争议事项向人民法院提起诉讼。①

①黄乐平主编：《养老保险实务精解》，中国法制出版社，2008年，第117-118页。

# 第三单元　架起病有所医之桥

## ——医疗保险篇

天有不测风云，人有旦夕祸福。一个人一生中难免会患一些疾病或受到一些非工作原因方面的伤害，现实生活中个人患病后常常支付不起日益昂贵的医疗费。那么如何利用集体的力量来做到"病有所医"呢？下面我们介绍一下医疗保险制度。

## 【精讲精析】

### 一、何为医疗保险

医疗保险是指劳动者由于患病或非因工负伤后，由社会提供医疗服务或经济补偿的社会保障制度。我国现行基本医疗保险包括职工基本医疗保险、城镇居民基本医疗保险和新型农村合作医疗，分别覆盖就业人群、城镇居民和农村居民。

(一)职工基本医疗保险的覆盖范围

所有职工应当参加职工基本医疗保险，由用人单位和职工按照国家规定共同缴纳基本医疗保险费。我国城镇所有用人单位(包括企业、机关、事业单位、社会团体、民办非企业单位)及其职工都要参加基本医疗保险。无雇工的个体工商户、未在用人单位参加职工基本医疗保险的非全日制从业人员以及其他灵活就业人员可以参加职工基本医疗保险，由个人按照国家规定缴纳基本医疗保险费。

(二)职工医疗保险的缴费

用人单位缴费率控制在职工工资总额的6%左右，职工缴费率一般控制在本人工资收入的2%。基本医疗保险基金由统筹基金和个人账户两部分构成。职工个人缴纳的基本医疗保险费全部计入个人账户。用人单位缴纳的基本医疗保险费分为两部分，一部分用于建立统筹基金，另一部分划入个人账户，划入个人账户的比例一般为用人单位缴费的30%左右。社会保险法淡化了个人账户，由于个人账户不利于分散风险和互助共济，将来可能不再设个人账户。退休人员参加基本医疗保险，个人不缴纳基本医疗保险费。对退休人员个人账户的计入金额和负担医疗费的比例给予适当照顾。国有企业下岗职工的基本医疗保险费，包括单位缴费和个人缴费，均由再就业服务中心按照当地上年度职工平均工资的60%为基数缴纳。

（三）统筹基金的支付

要确定统筹基金的起付标准和最高支付限额。起付标准原则控制在当地职工年平均工资的10%左右，最高支付限额原则上控制在当地职工年平均工资的4倍左右。起付标准以下的医疗费用，从个人账户中支付或由个人自付。超过最高支付限额的医疗费用，主要通过大病统筹、商业医疗保险等途径解决。

（四）享受基本医疗保险待遇的条件

参加职工基本医疗保险的个人，达到法定退休年龄时累计缴费达到国家规定年限的，退休后不再缴纳基本医疗保险费，按照国家规定享受基本医疗保险待遇；未达到国家规定年限的，可以缴费至国家规定年限。

（五）医疗保险待遇

符合基本医疗保险药品目录、诊疗项目、医疗服务设施标准以及急诊、抢救的医疗费用，按照国家规定从基本医疗保险基金中支付。

1.支付制度

参保人员医疗费用中应当由基本医疗保险基金支付的部分，由社会保险经办机构与医疗机构、药品经营单位直接结算。社会保险行政部门和卫生行政部门应当建立异地就医医疗费用结算制度，方便参保人员享受基本医疗保险待遇。

2.除外规定

下列医疗费用不纳入基本医疗保险基金支付范围：(1)应当从工伤保险基金中支付的；(2)应当由第三人负担的；(3)应当由公共卫生负担的；(4)在境外就医的。医疗费用依法应当由第三人负担，第三人不支付或者无法确定第三人的，由基本医疗保险基金先行支付。基本医疗保险基金先行支付后，有权向第三人追偿。

社会保险经办机构根据管理服务的需要，可以与医疗机构、药品经营单位签订服务协议,规范医疗服务行为。个人跨统筹地区就业的,其基本医疗保险关系随本人转移,缴费年限累计计算。

3.妥善解决有关人员的医疗待遇

离休人员、老红军的医疗待遇不变,医疗费用按原资金渠道解决,支付确有困难的,由同级人民政府帮助解决。离休人员、老红军的医疗管理办法由省、自治区、直辖市人民政府制定。二等乙级以上革命伤残军人的医疗待遇不变,医疗费用按原资金渠道解决,由社会保险经办机构单独列账管理。医疗费支付不足部分,由当地人民政府帮助解决。国家公务员在参加基本医疗保险的基础上,享受医疗补助政策。具体办法另行制定。为了不降低一些特定行业职工现有的医疗消费水平,在参加基本医疗保险的基础上,作为过渡措施,允许建立企业补充医疗保险。企业补充医疗保险费在工资总额4%以内的部分,从职工福利费中列支,福利费不足列支的部分,经同级财政部门核准后列入成本。

## 二、新型农村合作医疗制度

新型农村合作医疗制度是由政府组织、引导、支持,农民自愿参加,个人、集体和政府多方筹资,以大病统筹为主的农民医疗互助共济制度。

### (一)经费来源

农民以家庭为单位自愿参加新型农村合作医疗,遵守有关规章制度,按时足额缴纳合作医疗经费;乡(镇)、村集体要给予资金扶持;中央和地方各级财政每年要安排一定专项资金予以支持。有条件的乡村集体经济组织应对本地新型农村合作医疗制度给予适当扶持。扶持新型农村合作医疗的乡村集体经济组织类型、出资标准由县级人民政府确定,但集体出资部分不得向农民摊派。鼓励社会团体和个人资助新型农村合作医疗制度。从2008年开始,各级财政对参合农民的补助标准提高到每人每年80元,其中中央财政对中西部地区参合农民按40元给予补助,并对东部省份按照一定比例给予补助,计划单列市和农业人口低于50%的市辖区也全部纳入中央财政补助范围;地方财政也要相应提高补助标准,确有困难的地区可分两年到位。地方增加的资金,应以省级财政承担为主,尽量减少困难县(市、区)的负担。农民个人缴费由每人每年10元增加到20元,困难地区也可以分两年到位。各地要按照《财政部卫生部关于调整中央财政新型农村合作医疗补助资金拨付办法有关问题的通知》(财社〔2007〕5号)要求,在3月底前上报中央财政补助资金申请,以保证资金及时审核拨付。要切实规范财政补助资金拨付管理办法，保证资金及时足额到位。

（二）资金管理

农村合作医疗基金是由农民自愿缴纳、集体扶持、政府资助的民办公助社会性资金，要按照以收定支、收支平衡和公开、公平、公正的原则进行管理，必须专款专用，专户储存，不得挤占挪用。

1.农村合作医疗基金由农村合作医疗管理委员会及其经办机构进行管理。农村合作医疗经办机构应在经管理委员会认定的国有商业银行设立农村合作医疗基金专用账户，确保基金的安全和完整，并建立健全农村合作医疗基金管理的规章制度，按照规定合理筹集、及时审核支付农村合作医疗基金。

2.农村合作医疗基金中农民个人缴费及乡村集体经济组织的扶持资金，原则上按年由农村合作医疗经办机构在乡（镇）设立的派出机构（人员）或委托有关机构收缴，存入农村合作医疗基金专用账户；地方财政支持资金，由地方各级财政部门根据参加新型农村合作医疗的实际人数，划拨到农村合作医疗基金专用账户；中央财政补助中西部地区新型农村合作医疗的专项资金，由财政部根据各地区参加新型农村合作医疗的实际人数和资金到位等情况核定，向省级财政划拨。中央和地方各级财政要确保补助资金及时、全额拨付到农村合作医疗基金专用账户，并通过新型农村合作医疗试点逐步完善补助资金的划拨办法，尽可能简化程序，易于操作。要结合财政国库管理制度改革和完善情况，逐步实现财政直接支付。关于新型农村合作医疗资金具体补助办法，由财政部商有关部门研究制定。

3.农村合作医疗基金主要补助参加新型农村合作医疗农民的大额医疗费用或住院医疗费用。有条件的地方，可实行大额医疗费用补助与小额医疗费用补助相结合的办法，既提高抗风险能力又兼顾农民受益。对参加新型农村合作医疗的农民，年内没有动用农村合作医疗基金的，要安排进行一次常规性体检。各省、自治区、直辖市要制订农村合作医疗报销基本药物目录。各县（市）要根据筹资总额，结合当地实际，科学合理地确定农村合作医疗基金的支付范围、支付标准和额度，确定常规性体检的具体检查项目和方式，防止农村合作医疗基金超支或过多结余。

4.加强对农村合作医疗基金的监管。农村合作医疗经办机构要定期向农村合作医疗管理委员会汇报农村合作医疗基金的收支、使用情况；要采取张榜公布等措施，定期向社会公布农村合作医疗基金的具体收支、使用情况，保证参加合作医疗农民的参与、知情和监督的权利。县级人民政府可根据本地实际，成立由相关政府部门和参加合作医疗的农民代表共同组成的农村合作医疗监督委员会，定期检查、监督农村合作医疗基金使用和管理情况。农村合作医疗管理委员会要定期向监督委员会和同级人民代表大会汇报工作，主动接受监督。审计部门要定期对农村合作医疗基金收支和管理情况进行审计。

### 三、城镇居民基本医疗保险

（一）参保范围

城镇居民基本医疗保险适用于中小学阶段的学生（包括职中、技校、中专）、少年儿童和其他非从业城镇居民。

（二）资金筹集

城镇居民基本医疗保险以家庭缴费为主，政府给予适当补助。有条件的用人单位可以对职工家属参保缴费给予补助。国家对个人缴费和单位补助资金制定税收鼓励政策。对试点城市的参保居民，政府每年按不低于人均40元给予补助，其中，中央财政从2007年起每年通过专项转移支付，对中西部地区按人均20元给予补助。在此基础上，对属于低保对象的或重度残疾的学生和儿童参保所需的家庭缴费部分，政府原则上每年再按不低于人均10元给予补助，其中，中央财政对中西部地区按人均5元给予补助；对其他低保对象、丧失劳动能力的重度残疾人、低收入家庭60周岁以上的老年人等困难居民参保所需家庭缴费部分，政府每年再按不低于人均60元给予补助。其中，中央财政对中西部地区按人均30元给予补助。中央财政对东部地区参照新型农村合作医疗的补助办法给予适当补助。财政补助的具体方案由财政部门商劳动保障、民政等部门研究确定，补助经费要纳入各级政府的财政预算。

（三）费用支付

城镇居民基本医疗保险基金重点用于参保居民的住院和门诊大病医疗支出，有条件的地区可以逐步试行门诊医疗费用统筹。城镇居民基本医疗保险基金的使用要坚持以收定支、收支平衡、略有结余的原则。要合理制定城镇居民基本医疗保险基金起付标准、支付比例和最高支付限额，完善支付办法，合理控制医疗费用。探索适合困难城镇非从业居民经济承受能力的医疗服务和费用支付办法，减轻他们的医疗费用负担。城镇居民基本医疗保险基金用于支付规定范围内的医疗费用,其他费用可以通过补充医疗保险、商业健康保险、医疗救助和社会慈善捐助等方式解决。

### 四、企业补充医疗保险

按规定参加各项社会保险并按时足额缴纳社会保险费的企业,可自主决定是否建立补充医疗保险。企业可在按规定参加当地基本医疗保险的基础上,建立补充医疗保险,用于对城镇职工基本医疗保险制度支付以外由职工个人负担的医药费用进行的适当补助,减轻参保职工的医药费负担。企业补充医疗保险费在工资总额4%以内的部分,企业可直接从成本中列支,不再经同级财政部门审批。企业补充医疗保险办法应与当地基本医疗保险制度相衔接。企业补充医疗保险资金由企业或行业集中使用和管理,单独建账,单独管理,用于本企业个人负担较重职工和退休人员的医药费补助,不得划入基本医疗保险个人账户,也不得另行建立个人账户或变相用于职工其他方面的开支。财政部门和劳动保障部门要加强对企业补充医疗保险资金管理的监督和财务监管,防止挪用资金等违规行为。

## 【典型案例】

### 某县城镇职工医疗保险事业处的做法是否合法?①

上诉人(原审被告)某县城镇职工医疗保险事业处,地址:某县利一路40号。

代表人田某,该处副主任。

委托代理人李某,男,汉族,该处副主任,住县府小区。

被上诉人(原审原告)高某,男,1928年8月25日生,汉族,离休干部,住某县府小区。

上诉人某县城镇职工医疗保险事业处(简称医疗保险事业处)因社会保障行政给付一案,不服某县人民法院做出的判决,向本院提起上诉。本院依法组成合议庭,于2005年1月27日公开开庭进行了审理。上诉人医疗保险事业处委托代理人李某,被上诉人高某到庭参加诉讼。本案现已审理终结。

原审判决认定的事实:原告于2004年7月到被告处要求给予报销医药

① 引自于北大法意,大陆裁判文书,中国司法案例数据库2.0版,收入时有改动。

费，被告于2004年8月25日对原告做出不予报销的答复意见，被告是以自己的名义行使的该项职责。原告所使用的药品商品名为“施沛特”，其通用名称为“玻璃酸钠”。“透明质酸钠”的中文通用名称为“玻璃酸钠”，英文名称为Sodium Hyaluronate，原告所用药品在被告报销范围之内。

原审法院认为，某县城镇职工医疗保险事业处是适格的被告：(1)行政机关、法律、法规授权的组织都可以成为行政诉讼的被告，(国发〔1998〕44号文)《国务院关于建立城镇职工基本医疗保险制度的决定》第四条规定：“社会保险经办机构负责基本医疗保险基金的筹集、管理和支付，并要建立健全预决算制度，财务会计制度和内部审计制度。社会保险经办机构的事业经费不得从基金中提取，由各级财政预决算解决。”从该条可以看出社会保险经办机构负责基本医疗保险基金的管理和支付，是一种法规授权。(2)劳动和社会保障部《关于社会保险行政争议处理办法》第二条第二款规定：“本办法所称的经办机构，是指法律、法规授权的劳动保障行政部门所属的专门办理养老保险、医疗保险、失业保险、工伤保险、生育保险等社会保险事务的工作机构。”本案的被告即为该条所指的医疗保险经办机构。且在实践中被告一直以自己的名义行使该项职权，因此，是适格的被告。(3)在被告提交的某省事业单位登记证书职责范围、业务范围一栏中明确记载，某县城镇职工医疗保险事业处对离休人员的医药费有权进行计划、管理与使用。《某县特殊人群就医管理暂行办法》第二、三条也做出了明确的规定。通过以上证据可以证实，原被告之间存在管理与被管理的关系。该案属于行政诉讼受案范围：(1)本案不属于法律规定的排除范围。(2)本案依据有关法规可以进行复议，属于行政诉讼的受案范围。(3)本案的被告是管理者，原告是被管理者，被告不予报销药费的行为侵犯了原告的权益，是一单方行为，无须征得原告同意，它行使的是一种行政管理职能。

原审依据《中华人民共和国行政诉讼法》第五十四条第(二)项第一目、第(三)项之规定，判决：一、撤销被告于2004年8月25日做出的不给原告报销医疗费的答复意见；二、责令被告于本判决书生效之日起10日内给原告报销医疗费789.20元。案件受理费100元由被告负担。

某县城镇职工医疗保险事业处上诉称：

1.一审法院认为上诉人是适格被告是错误的。

(1)一审法院认为《国务院关于建立城镇职工基本医疗保险制度的决定》第四条的规定是一种法规授权。上诉人认为这是国务院授权给社会保险经办机构负责管理城镇职工基本医疗保险的职能,但不是授权给社会保险经办机构管理离休干部医疗费的法规授权。从国发〔1998〕44号文第六条规定:“离休人员、老红军的医疗待遇不变,医疗费用按原资金渠道解决,支付确有困难的,由同级人民政府帮助解决。离休人员、老红军的医疗管理办法由省、自治区、直辖市人民政府制定。”从该条规定可以看出离休人员不参加城镇职工基本医疗保险。又根据省委办公厅、省政府办公厅(厅字〔2001〕30号文)第二条规定:“离休干部不纳入城镇职工基本医疗保险范围,原医疗待遇不变。”“离休干部医疗费维持现行资金渠道不变。行政单位和全额预算管理事业单位,仍按原渠道由同级财政负担。”从以上可以看出离休干部不参加城镇职工基本医疗保险,其医药费的解决也不是在医疗保险事业处。上诉人对离休干部医药费管理无法规授权,从而说明上诉人不是本案适格的主体。

(2)一审法院根据事业单位登记证书职责范围和《某县特殊人群就医管理暂行办法》认为上诉人和被上诉人之间存在管理和被管理的关系。上诉人根据被上诉人提供的利政办法〔2004〕99号文及以上两点,证明了某县城镇职工医疗保险事业处管理离休干部的职能是县政府授予的。根据相关司法解释的规定,即使是县政府授予的职能,上诉人同样也不能成为本案的被告。

综上所述,上诉人作为非独立法人的事业单位,而非行政机关,在没有法律、法规授权的情况下,不能作为被诉行政行为的主体。一审法院将离休干部医药费管理归入城镇职工基本医疗保险的范围是违反法律规定的。认为上诉人是本案适格的主体是错误的。

2.一审法院认为原告所使用的药品“施沛特”通用名称为“玻璃酸钠”与通用名称“透明质酸钠”是同一种药品,在《某省职工医疗保险药品目录》(简称《药品目录》)之内是错误的。上诉人于2004年12月15日到某制药有限公司提取了该复函的申请函。该申请函内容称:“我公司在向国家药品监督管理局申报该滴眼液时两种规格(0.1%、0.3%),均以‘玻璃酸钠滴眼液’作为通用名称。……且将0.1%规格的通用名称定为透明质酸钠滴眼液(0.3%规格的通用名称仍为玻璃酸钠滴眼液)。”从以上申请函和复函可以看出,通用名称“透明质酸钠”和通用名称“玻璃酸钠”是同时存在的两种药品。一审法院仅凭调取的复函做出认定,是断章取义,不能全面地反映事实存在,故造成了错误理解和认识。根据《药品目录》,“透明质酸钠”是在此目录中的19.2眼科用药,而被上诉人所用药品是骨科治疗关节炎用药,根本不是眼科用药,也不是同一种药,所以不在报销范围内。一审判令上诉人给被上诉人报销医药费789.2元,无法执行。某县离休干部医药费报销资金是列入财政预算的,专款专用,不占用基本医疗保险基金。医疗保险事业处利用业务知识对离休干部所用药品是否在报销范围进行划分,划分完成后交由县政府。县政府研究确定后由县长签字,由财政局直接拨款到各单位,资金也不走医疗保险事业处。综上所述,一审法院存在程序违法,主体错误。请求上诉法院依法撤销某县人民法院(2004)利行初字第26号行政判决。

被上诉人高某答辩称:上诉人以自己的名义使用行政管理手段做出具体行政行为,应是适格的被告。因为国务院国发〔1998〕44号文所指的"社会保险"是一个大范围大概念,既包括城镇职工,也包括离休人员和老红军。离休人员不参加城镇职工医疗保险,并不等于退出了社会保险的管理范围。国务院〔1998〕44号文的第六条,实际上也是对离休人员的医疗保险工作做出的处分和安排,要省级政府制定办法,办法有了,具体执行也是各级社会保险的经办部门。上诉人主张其对离休人员的医疗保险因无法规授权无权管理,与事实不符,实际上上诉人实实在在地在管理。上诉人主张离休人员不参加城镇职工医疗保险,可实际上上诉人却偏偏拿着某省城镇职工的用药"目录"来扣发离休人员的药费。至于上诉人提出其行为系由某县人民政府授权,也就是说该政府应为被告。答辩人认为,某县城镇职工医疗保险事业处是一个独立机构,本身即具有管理职能。事实上利津县人民政府的规定只不过是对法律法规的重申和对上级规定的复述。以自己的名义用行政管理手段实施了具体行政行为的上诉人仍是适格的被告。答辩人所注射的"施沛特(商品名)",也叫玻璃酸钠(注射液)或透明质酸钠(注射液)尽管有三个名字但所指药物实体是一个,剂型也是一个。根据一审法院调取以及答辩人提供的多份证据,加以认定应在"目录"内药。综上所述,答辩人认为原审法院的审理判决贯彻了行政诉讼法"以事实为依据,以法律为准绳"的审理精神,请予以维持。

上诉人提起上诉后,原审法院已将原审判决所列证据随卷移送本院。

在本院二审中被上诉人对原审认定的全部事实均无异议;上诉人对原审判决认定的事实提出了如下两点异议:1.原审法院认定上诉人是适格的被告是错误的;2.原审法院认为原告所使用的药品"施沛特"通用名称为"玻璃酸钠"与通用名称"透明质酸钠"是同一种药品,在《药品目录》之内是错误的。

当事人围绕上述争议焦点,分别发表了与上诉状及答辩状相同的意见。

上诉人针对一审法院调取的证据,又提供了一份新的证据,即上诉人于

2004年12月15日到某制药有限公司提取的申请函。经过法庭调查，一审法院调取证据的主要内容是：你公司2004年6月30日“关于某制药有限公司申报的透明质酸钠中文通用名称命名申请”函及资料收悉。根据中国药品通用名称命名原则，经我会技术审核并研究决定，你公司申报的透明质酸钠的中文通用名称为玻璃酸钠，英文名称为Sodium Hyaluronate。上诉人提供的新证据(申请函)标题是“关于问询玻璃酸钠滴眼液通用名称的函”；落款时间“2004年6月15日”。上诉人提取的申请函与法院调取的复函从申请时间和申请主题上看均不相符，不能作为推翻原审法院调取证据的有效证据。

经审理查明：被上诉人高某系某县离休干部，2004年7月到上诉人处报销“施沛特”医药费。“施沛特”的药品通用名称为“玻璃酸钠”，英文名称是Sodium Hyaluronate。由于《药品目录》中无“玻璃酸钠”药品名，只有“透明质酸钠”，英文名称是Hyaluronate Sodium。上诉人遂以被上诉人报销药品不在《药品目录》之内为由，拒绝为被上诉人办理报销手续。

另查明：透明质酸钠的中文通用名称为玻璃酸钠，英文名称为Sodium Hyaluronate。

本院认为：上诉人某县城镇职工医疗保险事业处系办理城镇职工医疗保险的法定部门，同时负责了“离休人员、老红军、新中国成立前老工人、二等乙级以上革命伤残军人医药费的计划、管理与使用(事证第137052200133号事业单位登记证载明)”。相应地《某县特殊人群就医管理暂行办法》第二条规定，“特殊人群不纳入城镇职工基本医疗保险范围，医疗费用按原资金渠道、原办法解决，由医疗保险经办机构单独列账管理。支付确有困难的，由同级人民政府帮助解决。”实践中上诉人正是根据上述规定对包括上诉人在内的“特殊人群”的医疗费进行计划、管理和使用。对上诉人这样的离休人员单独列出，是为了加强对他们的特殊保障，并不是上诉人认为的在行政程序中可以管理，而在诉讼程序中不能负责。因此，本案上诉人应当具有行政诉讼主体资格。被上诉人用来报销的“施沛特”，其药品通用名称是“玻璃酸钠(英文名Sodium Hyaluronate)”与《药品目录》上的“透明质酸钠(英文名Hyaluronate Sodium)”实为一种药品，上诉人应为被上诉人报销。上诉人主张的离休干部医药费报销资金由县长签字、财政划拨，属于内部操作程序，不能成为上诉人不予报销的理由。综上，上诉人上诉理由不能成立，上诉请求本院不予支持。一审判决认定事实清楚，适用法律、法规正确、程序合法，应予维持。根据《中华人民共和国行政诉讼法》第六十一条第(一)项之规定，判决如下：驳回上诉，维持原判。

二审案件受理费100元，由上诉人负担。

本判决为终审判决。

## 【以案说法】

**某县城镇职工医疗保险事业处的做法是否合法？**

1. 谁可担当行政诉讼中的被告

公民、法人或者其他组织认为行政机关和行政机关工作人员的具体行政行为侵犯其合法权益，有权向人民法院提起诉讼。《最高人民法院关于执行〈中华人民共和国行政诉讼法〉若干问题的解释》（以下简称《行政诉讼法解释》）第一条第一款规定，公民、法人或者其他组织对具有国家行政职权的机关和组织及其工作人员的行政行为不服，依法提起诉讼的，属于人民法院行政诉讼的受案范围。本案中存在的争议焦点之一就是某县城镇职工医疗保险事业处是否属于具有国家行政职权的组织。

最高人民法院关于执行《中华人民共和国行政诉讼法》若干问题的解释第二十条规定，行政机关组建并赋予行政管理职能但不具有独立承担法律责任能力的机构，以自己的名义做出具体行政行为，当事人不服提起诉讼的，应当以组建该机构的行政机关为被告。行政机关的内设机构或者派出机构在没有法律、法规或者规章授权的情况下，以自己的名义做出具体行政行为，当事人不服提起诉讼的，应当以该行政机关为被告。法律、法规或者规章授权行使行政职权的行政机关内设机构、派出机构或者其他组织，超出法定授权范围实施行政行为，当事人不服提起诉讼的，应当以实施该行为的机构或者组织为被告。第二十一条规定，行政机关在没有法律、法规或者规章规定的情况下，授权其内设机构、派出机构或者其他组织行使行政职权的，应当视为委托。当事人不服提起诉讼的，应当以该行政机关为被告。

根据《国务院关于建立城镇职工基本医疗保险制度的决定》第四条规定，社会保险经办机构负责基本医疗保险基金的管理和支付，属于法规授权的组织，本案中某县城镇职工医疗保险事业处就属于这样的一类组织。由此可见，某县城镇职工医疗保险事业处属于法律、法规或者规章授权行使行政职权的其他组织。本案中的核心问题是某县城镇职工医疗保险事业处对离休人员的医药费是否有权进行计划、管理与使用。《国务院关于建立城镇职工基本医疗保险制度的决定》并没有赋予城镇职工医疗保险事业处对离休人员的医药费进行计划、管理与使用的权利。但在被告提交的某省事业单位登记证书职责范围、业务范围一栏中明确记载,某县城镇职工医疗保险事业处对离休人员的医药费有权进行计划、管理与使用。《某县特殊人群就医管理暂行办法》第二、三条也做出了明确的规定。由于《某县特殊人群就医管理暂行办法》和某省事业单位登记证书都不属于规章范畴,故某县城镇职工医疗保险事业处对离休人员的医药费进行计划、管理与使用的权利并非来自于法律、法规和规章授权,但可认定来自于抽象行政行为授权。笔者以为,某县城镇职工医疗保险事业处属于法规授权的负责基本医疗保险基金的管理和支付的单位,属于行政机关组建并赋予行政管理职能且具有独立承担法律责任能力的机构,其以自己的名义做出具体行政行为,当事人不服提起诉讼的,应该以某县城镇职工医疗保险事业处为被告。至于某县城镇职工医疗保险事业处对离休人员的医药费进行计划、管理与使用的权利并非来自于法律、法规或规章授权,但对离休人员的医药费进行计划、管理与使用的权利属于基本医疗保险经办权利这一大的范畴,对此,法规对类似于某县城镇职工医疗保险事业处这样的经办机构是有笼统的授权的,故可将某县城镇职工医疗保险事业处对离休人员的医药费进行计划、管理与使用的行为视为法律、法规或者规章授权行使行政职权的行政机关内设机构、派出机构或者其他组织,超出法定授权范围实施的行政行为,当事人不服提起诉讼的,应当以实施该行为的机构或者组织为被告。所以本案不易按照行政机关在没有法律、法规或者规章规定的情况下,授权其内设机构、派出机构或者其他组织行使行政职权的,应当视为委托;当事人不服提起诉讼的,应当以该行政机关为被告来处理。因为法规毕竟对类似于某县城镇职工医疗保险事业处这样的机构授予了基本医疗保险的经办权,对离休人员的医药费进行计划、管理与使用的权利可归于基本医疗保险的经办权范畴。为此,笔者认为二审法院的判决无疑是正确的。

2.“施沛特”属于《某省职工医疗保险药品目录》范畴吗?

本案被上诉人高某系某县离休干部,2004年7月到上诉人处报销“施沛特”医药费。“施沛特”的药品通用名称为“玻璃酸钠”,英文名称是Sodium Hyaluronate。由于《药品目录》中无“玻璃酸钠”药品名,只有“透明质酸钠”,英文名称是Hyaluronate Sodium。上诉人遂以被上诉人报销药品不在《药品目录》之内为由,拒绝为被上诉人办理报销手续。

本案一审法院认为,原告所使用的药品商品名为“施沛特”,其通用名称为“玻璃酸钠”。尽管“玻璃酸钠”不在《药品目录》之内,但《药品目录》中的“透明质酸钠”的中文通用名称实为“玻璃酸钠”,英文名称为Sodium Hyaluronate,原告所用药品在被告报销范围之内。

上诉人针对一审法院调取的证据,又提供了一份新的证据,即上诉人于2004年12月15日到某制药有限公司提取的申请函。上诉人提供的新证据(申请函)标题是“关于问询玻璃酸钠滴眼液通用名称的函”,落款时间“2004年6月15日”。上诉人于2004年12月15日到某制药有限公司提取了该复函的申请函。该申请函内容称:“我公司在向国家药品监督管理局申报该滴眼液时两种规格(0.1%、0.3%),均以‘玻璃酸钠滴眼液’作为通用名称。……且将0.1%规格的通用名称定为透明质酸钠滴眼液(0.3%规格的通用名称仍为玻璃酸钠滴眼液)。”上诉人认为,从以上申请函和复函可以看出,通用名称“透明质酸钠”和通用名称“玻璃酸钠”是同时存在的两种药品。一审法院仅凭调取的复函做出认定,是断章取义,不能全面地反映事实存在,故导致了错误理解和认识。根据《药品目录》,“透明质酸钠”是在此目录中的19.2眼科用药,而被上诉人所用药品是骨科治疗关节炎用药,根本不是眼科用药,也不是同一种药,所以不在报销范围内。一审判令上诉人给被上诉人报销医药费789.2元,无法执行。

经过二审法庭调查,一审法院调取证据的主要内容是:你公司2004年6月30日“关于某制药有限公司申报的透明质酸钠中文通用名称命名申请”函及资料收悉。根据中国药品通用名称命名原则,经我会技术审核并研究决定,你公司申报的透明质酸钠的中文通用名称为玻璃酸钠,英文名称为Sodium Hyaluronate。

由于上诉人提供的新证据(申请函)标题是“关于问询玻璃酸钠滴眼液通用名称的函”,落款时间“2004年6月15日”。上诉人提取的申请函与法院调取的复函从申请时间和申请主题上看均不相符,不能作为推翻原审法院调取证据的有效证据。

笔者以为,本案原告所使用的药品商品名为“施沛特”,其通用名称为“玻璃酸钠”。由于“玻璃酸钠”不在药品目录内,在药品目录内的类似药品名为“透明质酸钠”。所以本案争议的焦点之二就是“透明质酸钠”与“玻璃酸钠”“施沛特”是否属于同一药品名。笔者认为两审法院对这一问题的表述都不够清楚明白,对同一类药品的界定,不是仅靠中文通用名称或英文名称一致就足以认定的,对此应该有鉴定机构和生产厂商共同的意见方可证明。本案中仅有生产厂家一方提供的证明,但也是不够准确的。如“根据中国药品通用名称命名原则,经我会技术审核并研究决定,你公司申报的透明质酸钠的中文通用名称为玻璃酸钠,英文名称为 Sodium Hyaluronate。"的回函并没有说明"施沛特"与透明质酸钠的关系。至于上诉人提供的申请函中的表述"我公司在向国家药品监督管理局申报该滴眼液时两种规格(0.1%、0.3%),均以'玻璃酸钠滴眼液'作为通用名称。……且将0.1%规格的通用名称定为透明质酸钠滴眼液(0.3%规格的通用名称仍为玻璃酸钠滴眼液)。"则本身就是自相矛盾的,既然均以'玻璃酸钠滴眼液'作为通用名称,又何来将0.1%规格的通用名称定为透明质酸钠滴眼液,将0.3%规格的通用名称仍定为玻璃酸钠滴眼液之说呢? 故该证据的证据能力较为欠缺,是不能作为定案的根据的。此外,二审法院认定上诉人提取的申请函与法院调取的复函从申请时间和申请主题上看均不相符,不能作为推翻原审法院调取证据的有效证据也是正确的。

为此,本案应以二审查明的事实作为定案的依据。由于被上诉人用来报销的"施沛特",其药品通用名称是"玻璃酸钠(英文名 Sodium Hyaluronate)"与《药品目录》上的"透明质酸钠(英文名 Hyaluronate Sodium)"实为一种药品,故上诉人应为被上诉人报销。

## 【法条链接】

### 社会保险法

**第二十三条** 职工应当参加职工基本医疗保险,由用人单位和职工按照国家规定共同缴纳基本医疗保险费。无雇工的个体工商户、未在用人单位参加职工基本医疗保险的非全日制从业人员以及其他灵活就业人员可以参加职工基本医疗保险,由个人按照国家规定缴纳基本医疗保险费。

**第二十四条** 国家建立和完善新型农村合作医疗制度。新型农村合作医疗的管理办法,由国务院规定。

**第二十五条** 国家建立和完善城镇居民基本医疗保险制度。城镇居民基本医疗保险实行个人缴费和政府补贴相结合。享受最低生活保障的人、丧失劳动能力的残疾人、低收入家庭六十周岁以上的老年人和未成年人等所需个人缴费部分,由政府给予补贴。

**第二十六条** 职工基本医疗保险、新型农村合作医疗和城镇居民基本医疗保险的待遇标准按照国家规定执行。

**第二十八条** 符合基本医疗保险药品目录、诊疗项目、医疗服务设施标准以及急诊、抢救的医疗费用,按照国家规定从基本医疗保险基金中支付。

**第二十九条**　参保人员医疗费用中应当由基本医疗保险基金支付的部分，由社会保险经办机构与医疗机构、药品经营单位直接结算。社会保险行政部门和卫生行政部门应当建立异地就医医疗费用结算制度，方便参保人员享受基本医疗保险待遇。

**【扩展阅读】**

## 农村合作医疗资金筹集是如何规定的?

农村合作医疗资金筹集的来源包括：农民自愿缴纳、有条件的乡村集体经济组织扶持和财政补贴。

自提出建立新型农村合作医疗制度后，对于农村合作医疗资金来源及筹集最初由《关于建立新型农村合作医疗制度的意见》做出规定：

(1)农民个人每年的缴费标准不应低于10元，经济条件好的地区可相应提高缴费标准。乡镇企业职工(不含以农民家庭为单位参加新型农村合作医疗的人员)是否参加新型农村合作医疗由县级人民政府确定。

(2)有条件的乡村集体经济组织应对本地新型农村合作医疗制度给予适当扶持。扶持新型农村合作医疗的乡村集体经济组织类型、出资标准由县级人民政府确定，但集体出资部分不得向农民摊派。鼓励社会团体和个人资助新型农村合作医疗制度。

(3)地方财政每年对参加新型农村合作医疗农民的资助不低于人均10元，具体补助标准和分级负担比例由省级人民政府确定。经济较发达的东部地区，地方各级财政可适当增加投入。从2003年起，中央财政每年通过专项转移支付对中西部地区除市区以外的参加新型农村合作医疗的农民按人均10元安排补助资金。

2003年12月15日发布的《关于进一步做好新型农村合作医疗试点工作指导意见》在进一步确定农民自愿参加农村合作医疗原则的同时，对于农村合作医疗资金筹资标准也做出了调整，具体规定如下：要根据农民收入情况，合理确定个人缴费数额。原则上农民个人每人每年缴费不低于10元，经济发达地区可在农民自愿的基础上，根据农民收入水平及实际需要相应提高缴费标准。要积极鼓励有条件的乡村集体经济组织对本地新型农村合作医疗给予适当扶持，但集体出资部分不得向农民摊派。中央财政对中西部除市区以外参加新型农村合作医疗农民平均每人每年补助10元，中西部地区各级财政对参加新型农村合作医疗农民的资助总额不低于每人每年10元，东部地区各级地方财政对参加新型农村合作医疗农民的资助总额应争取达到20元。地方各级财政的负担比例可根据本地经济状况确定。地方各级人民政府要根据民政部、卫生部、财政部《关于实施农村医疗救助的意见》制定实施细则，尽快建立农村医疗救助制度，资助贫困农民参加新型农村合作医疗，并对患大病的贫困农民提供一定医药费用补助，对患特种传染病的农民按有关规定给予补助；要注意把建立新型农村合作医疗制度同扶贫和医疗救助等工作结合起来，共同推进和发展。同时对筹集资金的收缴方式也做出了具体规定：要改进农民个人缴费收缴方式，可在农民自愿参加并签约承诺的前提下，由乡（镇）农税或财税部门一次性代收，开具由省级财税部门统一印制的专用收据；也可采取其他符合农民意愿的缴费方式。各地区应将新型农村合作医疗资金运作周期与财政年度一致起来。地方各级财政要在农民个人缴费到位后，及时下拨补助资金，不得弄虚作假，套取上级财政补助资金。

一旦发现要严肃查处。2006年1月10日颁布的卫生部等7部委《关于加快推进新型农村合作医疗试点工作的通知》，对农村合作医疗基金资金的筹集标准再一次做出了调整的规定：从2006年起，中央财政对中西部地区除市区以外的参加新型农村合作医疗的农民由每人每年补助10元提高到20元，地方财政也要相应增加10元。财政确实有困难的省、自治区、直辖市，可于2006年、2007年分别增加5元，在两年内落实到位。地方财政增加的合作医疗补助经费，应主要由省级财政承担，原则上不由省、市、县按比例平均分摊，不能增加困难县的财政负担。农民个人缴费标准暂不提高。同时，将中西部地区中农业人口占总人口比例高于70%的市辖区和辽宁、江苏、浙江、福建、山东和广东六省的试点县（市、区）纳入中央财政补助范围。中央财政对辽宁、江苏、浙江、福建、山东和广东六省按中西部地区补助标准的一定比例安排补助资金。各级财政部门要认真落实新型农村合作医疗补助资金，在年初预算中足额安排，并及时下拨到位，为新型农村合作医疗的顺利开展提供必要的资金保障。

而且对农村合作医疗资金筹集和监管机制也做出了规定：各地要认真总结试点单位的好做法，积极进行农民个人缴费方式的探索，充分发挥基层组织的作用，建立稳定的筹资机制。如果农民个人自愿，经村民代表大会讨论同意，可以由村民自治组织代为收缴农民的个人缴费。要加强基金管理，做到专户储存、专款专用，严格实行基金封闭运行，确保合作医疗基金和利息全部用于参合农民的医疗补助。要建立健全既方便农民又便于监管的合作医疗审核和报销办法，实行基金使用管理的县、乡、村公示制度，把合作医疗报销情况作为村务公开的重要内容，探索农民参与监督和民主管理的长效机制，保证农民的知情权和监督权。要加强对合作医疗基金管理和使用的专项审计，发现问题，及时纠正。①

①黄乐平主编：《新编基本医疗保险与生育保险操作实务》，法律出版社，2011年，第135-137页。

# 第四单元　安全第一　预防为主

——工伤保险篇

劳动者在用人单位工作过程中,由于客观方面的原因,或者偶尔由于个人的疏忽,患上职业病或因工负伤后就急需治疗康复或予以供养,但这完全靠劳动者个人,既不公平,又不可能。为此,我们建立了工伤保险制度,下面对该项制度予以介绍。

## 【精讲精析】

### 一、何为工伤保险

工伤保险,又称职业伤害赔偿保险,是指职工因工而致伤、病、残、死亡,依法获得经济赔偿和物质帮助的一种社会保险制度。

(一)工伤保险的特征

采取无过错责任原则(只要不是劳动者故意所为,不问双方是否存在过错);用人单位承担全部缴费义务;保险标准较高(其医疗康复待遇、伤残待遇和死亡抚恤待遇均比非工伤的医疗保险标准高);其被保险人范围包括全体职工,不论何种用工形式的职工,也不论是正式职工还是临时工、学徒工和试用期职工,在享受工伤保险待遇方面都是平等的。

(二)工伤保险的适用范围

中华人民共和国境内的企业、事业单位、社会团体、民办非企业单位、基金会、律师事务所、会计师事务所等组织和有雇工的个体工商户(以下称用人单位)应当依照本条例规定参加工伤保险,为本单位全部职工或者雇工(以下称职工)缴纳工伤保险费。

中华人民共和国境内的企业、事业单位、社会团体、民办非企业单位、基金会、律师事务所、会计师事务所等组织的职工和个体工商户的雇工,均有依照本条例的规定享受工伤保险待遇的权利。

### （三）工伤认定

职工有下列情形之一的，应当认定为工伤：(1)在工作时间和工作场所内，因工作原因受到事故伤害的；(2)工作时间前后在工作场所内，从事与工作有关的预备性或者收尾性工作受到事故伤害的；(3)在工作时间和工作场所内，因履行工作职责受到暴力等意外伤害的；(4)患职业病的；(5)因工外出期间，由于工作原因受到伤害或者发生事故下落不明的；(6)在上下班途中，受到非本人主要责任的交通事故或者城市轨道交通、客运轮渡、火车事故伤害的；(7)法律、行政法规规定应当认定为工伤的其他情形。职工有下列情形之一的，视同工伤：(1)在工作时间和工作岗位，突发疾病死亡或者在48小时之内经抢救无效死亡的；(2)在抢险救灾等维护国家利益、公共利益活动中受到伤害的；(3)职工原在军队服役，因战、因公负伤致残，已取得革命伤残军人证，到用人单位后旧伤复发的。职工符合以上规定，但是有下列情形之一的，不得认定为工伤或者视同工伤：(1)故意犯罪的；(2)醉酒或者吸毒的；(3)自残或者自杀的。

### （四）工伤保险缴费

工伤保险基金由用人单位缴纳的工伤保险费、工伤保险基金的利息和依法纳入工伤保险基金的其他资金构成。用人单位应当按时缴纳工伤保险费。职工个人不缴纳工伤保险费。用人单位缴纳工伤保险费的数额为本单位职工工资总额乘以单位缴费费率之积。对难以按照工资总额缴纳工伤保险费的行业，其缴纳工伤保险费的具体方式，由国务院社会保险行政部门规定。工伤保险费根据以支定收、收支平衡的原则，确定费率。国家根据不同行业的工伤风险程度确定行业的差别费率，并根据工伤保险费使用、工伤发生率等情况在每个行业内确定若干费率档次。行业差别费率及行业内费率档次由国务院社会保险行政部门制定，报国务院批准后公布施行。统筹地区经办机构根据用人单位工伤保险费使用、工伤发生率等情况，适用所属行业内相应的费率档次确定单位缴费费率。工伤保险基金应当留有一定比例的储备金，用于统筹地区重大事故的工伤保险待遇支付；储备金不足支付的，由统筹地区的人民政府垫付。储备金占基金总额的具体比例和储备金的使用办法，由省、自治区、直辖市人民政府规定。

## 二、工伤待遇

### （一）工伤医疗期间待遇

职工因工作遭受事故伤害或者患职业病进行治疗，享受工伤医疗待遇。

停工留薪期一般不超过12个月。伤情严重或者情况特殊，经设区的市级劳动能力鉴定委员会确认，可以适当延长，但延长不得超过12个月。

工伤职工评定伤残等级后，停发原待遇，按照本章的有关规定享受伤残待遇。工伤职工在停工留薪期满后仍需治疗的，继续享受工伤医疗待遇。

工伤医疗期待遇包括三个部分。

1.医疗待遇。职工治疗工伤应当在签订服务协议的医疗机构就医，情况紧急时可以先到就近的医疗机构急救。治疗工伤所需费用符合工伤保险诊疗项目目录、工伤保险药品目录、工伤保险住院服务标准的，从工伤保险基金支付。工伤保险诊疗项目目录、工伤保险药品目录、工伤保险住院服务标准，由国务院社会保险行政部门会同国务院卫生行政部门、食品药品监督管理部门等部门规定。职工住院治疗工伤的伙食补助费，由医疗机构出具证明，报经办机构同意，工伤职工到统筹地区以外就医所需的交通、食宿费用从工伤保险基金支付，基金支付的具体标准由统筹地区人民政府规定。工伤职工治疗非工伤引发的疾病，不享受工伤医疗待遇，按照基本医疗保险办法处理。工伤职工到签订服务协议的医疗机构进行工伤康复的费用，符合规定的，从工伤保险基金支付。社会保险行政部门做出认定为工伤的决定后发生行政复议、行政诉讼的，行政复议和行政诉讼期间不停止支付工伤职工治疗工伤的医疗费用。工伤职工因日常生活或者就业需要，经劳动能力鉴定委员会确认，可以安装假肢、矫形器、假眼、假牙和配置轮椅等辅助器具，所需费用按照国家规定的标准从工伤保险基金支付。

2.工资和福利待遇。职工因工作遭受事故伤害或者患职业病需要暂停工作接受工伤医疗的，在停工留薪期内，原工资福利待遇不变，由所在单位按月支付。

3.其他待遇。生活不能自理的工伤职工在停工留薪期需要护理的，由所在单位负责。

（二）致残待遇

1.生活自理障碍待遇

工伤职工已经评定伤残等级并经劳动能力鉴定委员会确认需要生活护理的，从工伤保险基金按月支付生活护理费。生活护理费按照生活完全不能自理、生活大部分不能自理或者生活部分不能自理3个不同等级支付，其标准分别为统筹地区上年度职工月平均工资的50%、40%或者30%。

2.劳动功能障碍待遇

职工因工致残被鉴定为一级至四级伤残的，保留劳动关系，退出工作岗位，享受以下待遇：(1)伤残补助金。从工伤保险基金按伤残等级支付一次性伤残补助金，标准为：一级伤残为27个月的本人工资，二级伤残为25个月的本人工资，三级伤残为23个月的本人工资，四级伤残为21个月的本人工资。(2)伤残津贴。从工伤保险基金按月支付伤残津贴，标准为：一级伤残为本人工资的90%，二级伤残为本人工资的85%，三级伤残为本人工资的80%，四级伤残为本人工资的75%。伤残津贴实际金额低于当地最低工资标准的，由工伤保险基金补足差额。(3)退休待遇。工伤职工达到退休年龄并办理退休手续后，停发伤残津贴，按照国家有关规定享受基本养老保险待遇。基本养老保险待遇低于伤残津贴的，由工伤保险基金补足差额。(4)医疗保险待遇。职工因工致残被鉴定为一级至四级伤残的，由用人单位和职工个人以伤残津贴为基数，缴纳基本医疗保险费。

职工因工致残被鉴定为五级、六级伤残的，享受以下待遇：(1)伤残补助金。从工伤保险基金按伤残等级支付一次性伤残补助金，标准为：五级伤残为18个月的本人工资，六级伤残为16个月的本人工资。(2)伤残津贴。保留与用人单位的劳动关系，由用人单位安排适当工作。难以安排工作的，由用人单位按月发给伤残津贴，标准为：五级伤残为本人工资的70%，六级伤残为本人工资的60%。伤残津贴实际金额低于当地最低工资标准的，由用人单位补足差额。(3)工伤医疗补助金和伤残就业补助金。经工伤职工本人提出，该职工可以与用人单位解除或者终止劳动关系，由工伤保险基金支付一次性工伤医疗补助金，由用人单位支付一次性伤残就业补助金。一次性工伤医疗补助金和一次性伤残就业补助金的具体标准由省、自治区、直辖市人民政府规定。(4)其他待遇。用人单位必须按照规定为其缴纳应缴纳的各项社会保险费。

职工因工致残被鉴定为七级至十级伤残的，享受以下待遇：(1)伤残补助金。从工伤保险基金按伤残等级支付一次性伤残补助金，标准为：七级伤残为13个月的本人工资，八级伤残为11个月的本人工资，九级伤残为9个月的本人工资，十级伤残为7个月的本人工资。(2)其他待遇。劳动、聘用合同期满终止，或者职工本人提出解除劳动、聘用合同的，由工伤保险基金支付一次性工伤医疗补助金，由用人单位支付一次性伤残就业补助金。一次性工伤医疗补助金和一次性伤残就业补助金的具体标准由省、自治区、直辖市人民政府规定。

(三)工亡待遇

职工因工死亡，其近亲属按照下列规定从工伤保险基金领取丧葬补助金、供养亲属抚恤金和一次性工亡补助金。

1.丧葬补助金为6个月的统筹地区上年度职工月平均工资。

2.供养亲属抚恤金按照职工本人工资的一定比例发给由因工死亡职工生前提供主要生活来源、无劳动能力的亲属。标准为：配偶每月40%，其他亲属每人每月30%，孤寡老人或者孤儿每人每月在上述标准的基础上增加10%。核定的各供养亲属的抚恤金之和不应高于因工死亡职工生前的工资。供养亲属的具体范围由国务院社会保险行政部门规定。

3.一次性工亡补助金标准为上一年度全国城镇居民人均可支配收入的20倍。

4.工亡待遇的特殊情形。伤残职工在停工留薪期内因工伤导致死亡的，其近亲属享受工亡待遇。一级至四级伤残职工在停工留薪期满后死亡的，其近亲属可以享受丧葬补助金、供养亲属抚恤金待遇(不能享受一次性工亡补助金)。

(四)工伤保险待遇的一些特殊情形

1.工伤职工工伤复发，确认需要治疗的，可以继续享受工伤医疗期间待遇和生活自理障碍待遇等。

2.职工所在用人单位未依法缴纳工伤保险费，发生工伤事故的，由用人单位支付工伤保险待遇。用人单位不支付的，从工伤保险基金中先行支付。从工伤保险基金中先行支付的工伤保险待遇应当由用人单位偿还。用人单位不偿还的，社会保险经办机构可以依法追偿。

3.职工因工外出期间发生事故或者在抢险救灾中下落不明的，从事故发生当月起3个月内照发工资，从第4个月起停发工资，由工伤保险基金向其供养亲属按月支付供养亲属抚恤金。生活有困难的，可以预支一次性工亡补助金的50%。职工被人民法院宣告死亡的，按照工伤保险条例第三十九条职工因工死亡的规定处理。

4.工伤职工有下列情形之一的，停止享受工伤保险待遇：(1)丧失享受待遇条件的；(2)拒不接受劳动能力鉴定的；(3)拒绝治疗的。

5.用人单位分立、合并、转让的，承继单位应当承担原用人单位的工伤保险责任；原用人单位已经参加工伤保险的，承继单位应当到当地经办机构办理工伤保险变更登记。用人单位实行承包经营的，工伤保险责任由职工劳动关系所在单位承担。职工被借调期间受到工伤事故伤害的，由原用人单位承担工伤保险责任，但原用人单位与借调单位可以约定补偿办法。企业破产的，在破产清算时依法拨付应当由单位支付的工伤保险待遇费用。

6.职工再次发生工伤，根据规定应当享受伤残津贴的，按照新认定的伤残等级享受伤残津贴待遇。

7.职工被派遣出境工作，依据前往国家或者地区的法律应当参加当地工伤保险的，参加当地工伤保险，其国内工伤保险关系中止；不能参加当地工伤保险的，其国内工伤保险关系不中止。

8.由于第三人的原因造成工伤，第三人不支付工伤医疗费用或者无法确定第三人的，由工伤保险基金先行支付。工伤保险基金先行支付后，有权向第三人追偿。

## 三、工伤认定程序

职工发生事故伤害或者按照职业病防治法规定被诊断、鉴定为职业病，所在单位应当自事故伤害发生之日或者被诊断、鉴定为职业病之日起30日内，向统筹地区社会保险行政部门提出工伤认定申请。遇有特殊情况，经报社会保险行政部门同意，申请时限可以适当延长。用人单位未按前款规定提出工伤认定申请的，工伤职工或者其近亲属、工会组织在事故伤害发生之日或者被诊断、鉴定为职业病之日起一年内，可以直接向用人单位所在地统筹地区社会保险行政部门提出工伤认定申请。按照规定应当由省级社会保险行政部门进行工伤认定的事项，根据属地原则由用人单位所在地的设区的市级社会保险行政部门办理。用人单位未在规定的时限内提交工伤认定申请，在此期间发生符合本条例规定的工伤待遇等有关费用由该用人单位负担。

## 四、非法用人单位及其职工的工伤保险

无营业执照或者未经依法登记、备案的单位以及被依法吊销营业执照或者撤销登记、备案的单位的职工受到事故伤害或者患职业病的，由该单位向伤残职工或者死亡职工的近亲属给予一次性赔偿，赔偿标准不得低于规定的工伤保险待遇；用人单位不得使用童工，用人单位使用童工造成童工伤残、死亡的，由该单位向童工或者童工的近亲属给予一次性赔偿，赔偿标准不得低于规定的工伤保险待遇。具体办法由国务院社会保险行政部门规定。

### 五、公务员和参照公务员法管理的事业单位、社会团体的工作人员工伤保险

公务员和参照公务员法管理的事业单位、社会团体的工作人员因工作遭受事故伤害或者患职业病的，由所在单位支付费用。具体办法由国务院社会保险行政部门会同国务院财政部门规定。

### 六、争议处理

职工与用人单位发生工伤待遇方面的争议，按照处理劳动争议的有关规定处理。有下列情形之一的，有关单位或者个人可以依法申请行政复议，也可以依法向人民法院提起行政诉讼：(1)申请工伤认定的职工或者其近亲属、该职工所在单位对工伤认定申请不予受理的决定不服的；(2)申请工伤认定的职工或者其近亲属、该职工所在单位对工伤认定结论不服的；(3)用人单位对经办机构确定的单位缴费费率不服的；(4)签订服务协议的医疗机构、辅助器具配置机构认为经办机构未履行有关协议或者规定的；(5)工伤职工或者其近亲属对经办机构核定的工伤保险待遇有异议的。

## 【典型案例】

### 工伤保险待遇如何计算？①

上诉人(原审原告)重庆市涪陵区某某装饰设计工作室。

负责人陈某，重庆市涪陵区某某装饰设计工作室业主。

委托代理人罗某某，重庆某某律师事务所律师。

被上诉人(原审被告)代某某，男，汉族，农民，住重庆市涪陵区。

委托代理人刘某某，重庆某某律师事务所律师。

上诉人(原审原告)重庆市涪陵某某装饰设计工作室(以下简称装饰设计室)与被上诉人代某某工伤保险待遇纠纷一案，涪陵区人民法院于2011年10月21日做出(2011)涪法民再初字第00079号民事判决，装饰设计室不服，向本院提起上诉。本院依法组成合议庭，公开审理了本案。上诉人装饰设计室代理人罗某某，被上诉人代某某及其代理人刘某某到庭参加诉讼。本案现已审理终结。

① 资料来源：法律图书馆在线数据库，网址http://www.law-lib.com/vip/，收入时有改动。

原审原告装饰设计室诉称,2010年1月,重庆市涪陵区劳动争议仲裁委员会仲裁裁决原告支付被告代某某工伤保险待遇等费用共计77113.5元。但该裁决在计算工伤保险待遇时存在工资标准、停工留薪期确定错误,交通费确认无依据,原告已支付的护理费未扣减等问题。请求人民法院依法判决原告支付被告工伤保险待遇等费用共计43965元。原审被告代某某辩称,请求人民法院依法判决原告支付被告工伤保险待遇及相关费用。

涪陵区人民法院原审查明,被告2008年6月1日到原告处从事泥工工作,双方未签订书面劳动合同,原告亦未给被告办理社会保险和缴纳相关费用。2008年6月3日8时许,被告代某某在原告承建的某某西餐厅装饰工程工作中,因跳板断裂摔伤。原告(应为被告)受伤后即被送入涪陵区郭昌碧(应为郭昌毕)骨科医院治疗,经119天住院治疗,于2008年9月30日出院。被告之伤被诊断为左距骨粉碎性骨折、左胫骨髁骨折。在被告住院期间,原告支付了被告的医疗费,另向被告支付了2300元。2008年11月27日,被告代某某之伤被重庆市涪陵区劳动与社会保障局认定为工伤。2009年7月3日,经重庆市劳动鉴定委员会鉴定,被告之伤为工伤8级。在鉴定和治疗过程中,由被告支付的费用有鉴定费200元、检查费159元、交通费241元。事故发生后,被告为追索工伤待遇,向重庆市涪陵区劳动争议仲裁委员会申请仲裁,请求与原告解除劳动关系,由原告支付一次性伤残补助金36000元、一次性伤残就业补助金28875元、一次性工伤医疗补助金15400元、护理费5950元、住院期间伙食补助费2380元、停工留薪期待遇36000元、交通费271元、鉴定费200元、检查费159元。2010年1月4日,重庆市涪陵区劳动争议仲裁委员会做出裁决,解除原、被告的劳动关系并终止工伤保险关系,支付被告工伤保险待遇77113.5元。因原告对裁决中原告(应为被告)工资标准和相关赔偿金额有异议,遂于2010年4月26日诉至本院,引发本案的讼争。

涪陵区人民法院原审认为,被告在劳动中受伤,属工伤,依法应享受工伤待遇。被告(应为原告)没有给原告(应为被告)办理社会保险,依照《工伤保险条例》第六十条之规定,应当由被告(应为原告)依照该条例规定,支付原告(应为被告)相应的工伤保险待遇。故,对原告(应为被告)要求被告(应为原告)支付其工伤待遇的诉讼请求,本院予以支持。对原告(应为被告)主张的工伤待遇项目和金额,本院确认如下:(1)一次性伤残补助金,根据《工伤保险条例》第三十五条第(一)项规定为本人10个月工资,由于双方均未提供被告工资收入的证据,本院参照2007年度重庆市在岗职工平均工资标准1925元/月计算确定为19250元。(2)一次性工伤医疗补助金，根据《工伤保险条例》第三十五条第(二)项和《重庆市工伤保险实施暂行办法》(以下简称《暂行办法》)第二十八条规定，为解除劳动关系的上一年度全市职工平均工资6个月计发。原告未对解除劳动关系提起诉讼，故，双方解除劳动关系时间应为2010年1月。被告的一次性工伤医疗补助金按2009年度重庆市职工平均工资标准计算6个月为15481.5元，被告主张15400元，低于按规定计算的数额，本院以被告主张的数额确定为15400元。(3)一次性伤残就业补助金，根据《工伤保险条例》第三十五条第(二)项和《暂行办法》第二十八条规定，为解除劳动关系的上一年即2009年度职工平均12个月工资，据此计算应为30963元，被告主张28875元低于按规定计算数额，本院以被告主张数额确定。(4)停工留薪期待遇，原告(应为被告)之伤为左距骨粉碎性骨折，根据《重庆市工伤职工停工留薪期管理办法》第二条、第三条第一款和《重庆市工伤职工留薪期分类目录7(试行)》规定，停工留薪期为6个月，停工留薪期待遇为15481.5元。(5)住院伙食补助费1666元。(6)交通费241元。(7)检查费159元。(8)护理费3570元。(9)鉴定费200元。依照《中华人民共和国劳动法》第七十三条第一款第(三)项，《工伤保险条例》第六十条、第二十九条、第三十一条、第三十二条、第三十五条，《暂行办法》第二十八条，《重庆市工伤职工停工留薪期管理办法》第二条、第三条第一款、第九条之规定，判决：原告重庆市涪陵区某某装饰设计工作室在本判决生效后10日内，支付被告代某某一次性伤残补助金19250元、一次性工伤医疗补助金15400元、一次性伤残就业补助金28875元、停工留薪期待遇15481.5元、住院伙食补助费1666元、交通费241元、检查费159元、护理费3570元、鉴定费200元，合计84842.50元(含已经支付2300元)。案件受理费10元，减半收取5元，由原告重庆市涪陵区某某装饰设计工作室负担。

重庆市人民检察院第三分院抗诉认为，原审判决适用法律不当，判决结果确有错误。理由是：(1)原审判决在计算停工留薪期待遇时，没有依照法律法规规定的计算标准，判决结果明显错误。根据国务院《工伤保险条例》第三十一条、《重庆市工伤职工停工留薪期管理办法》第二条的规定，工伤职工在停工留薪期间只能享受原工资福利待遇，即只能按2008年6月3日受伤之前的原工资福利待遇计算停工留薪期待遇。原审判决按照2009年度重庆市职工平均工资标准计算代某某的停工留薪期待遇15481.5元，属适用标准不当，导致判决结果错误。(2)原审判决没有解除重庆市涪陵区某某装饰设计工作室与代某某之间的劳动关系和终止工伤保险关系错误，且确认双方解除劳动关系的时间为2010年1月存在错误。根据国务院《工伤保险条例》第三十五条、最高人民法院《关于审理劳动争议案件适用法律若干问题的解释(一)》第十七条、重庆市劳动和社会保障局《关于工伤类劳动争议案件若干问题的处理意见》(以下简称《处理意见》)第六条的规定,即使重庆市涪陵区某某装饰设计工作室未对原仲裁裁决中解除劳动关系部分提起诉讼,原仲裁裁决关于“双方解除劳动关系并终止工伤保险关系”的内容也不发生效力。故,原审判决确认双方解除劳动关系的时间为2010年1月没有法律依据,法院仍需就重庆市涪陵区某某装饰设计工作室与代某某之间的劳动关系和工伤保险关系是否解除或终止做出裁判,否则判决支付一次性工伤医疗补助金和一次性工伤就业补助金就没有相应的前提和依据。(3)原审判决在叙述重庆市涪陵区某某装饰设计工作室与代某某在本案中的法律地位时,用语混乱、意思模糊不清。综上所述,原审判决适用法律不当,判决结果确有错误。现提出抗诉,请依法再审。

涪陵区人民法院再审过程中装饰设计室称,同意抗诉意见。同时,代某某在原审中只行使抗辩权,而原审判决工伤待遇数额超过了仲裁裁决数额,违背了不告不理原则;原审判决认定2010年1月解除劳动关系错误,应该是2009年12月;原审判决适用标准有误,代某某的一次性伤残补助金应为11550元、一次性工伤医疗补助金应为11550元、一次性伤残就业补助金应为23100元、停工留薪期待遇应为6930元。故,请求依法改判。代某某辩称,原审判决适用法律和判决结果正确,请求再审维持原审判决。

涪陵区人民法院再审查明,原审被告代某某于2008年6月1日到原审原告装饰设计室从事泥工工作,双方未签订书面劳动合同,原审原告也未给原审被告办理社会保险和缴纳相关费用。2008年6月3日8时许,原审被告在原审原告承建的某某西餐厅装饰工程从事泥工工作中,因跳板断裂摔伤。原审被告受伤后,当即被送往涪陵郭昌毕骨伤科医院住院治疗,于2008年9月30日出院,共住院治疗119天。原审被告之伤经诊断为左胫骨髁骨折、左距骨粉碎性骨折。原审被告住院治疗期间,原审原告支付了全部医疗费用,并另支付给原审被告2300元。2008年11月27日,原审被告之伤经重庆市涪陵区劳动和社会保障局认定为工伤。2009年3月10日,经重庆市涪陵区劳动能力鉴定委员会鉴定,原审被告之伤为工伤七级。2009年7月,原审被告之伤经重庆市劳动能力鉴定委员会再次鉴定,最终结论为工伤八级。原审被告在治疗和鉴定中,用去交通费241元、检查费159元、鉴定费200元。后原审被告为追索工伤保险待遇,向重庆市涪陵区劳动争议仲裁委员会申请仲裁,请求与原审原告解除劳动关系，由原审原告支付工伤保险待遇及相关费用共计125235元。重庆市涪陵区劳动争议仲裁委员会受理后，于2009年12月24日进行审理，并于2010年1月4日做出涪劳仲案字(2009)第236号仲裁裁决书，裁决双方解除劳动关系并终止工伤保险关系；由重庆市涪陵区某某装饰设计工作室支付代某某一次性伤残补助金19250元、一次性工伤医疗补助金13492.5元、一次性伤残就业补助金26985元、停工留薪期待遇11550元、住院伙食补助费1666元、交通费241元、检查费159元、住院护理费3570元、鉴定费200元，共计77113.50元。因原审原告对仲裁裁决适用的工资标准和部分工伤保险待遇金额有异议，遂于2010年4月22日诉至本院。

本案诉讼中，原审原、被告均未提供代某某受伤前工资标准的相关证据。经再审查明，重庆市职工平均工资标准，2007年为23098元／年，2008年为26985元／年，2009年为30963元／年。

本案在再审中，原审原、被告对原审被告受伤后的住院伙食补助费1666元、交通费241元、检查费159元、护理费3570元、鉴定费200元均无异议，并认可代某某提出与重庆市涪陵区某某装饰设计工作室解除劳动关系的时间为2009年，本院予以确认。

上述事实，有当事人的陈述，原审原、被告提供的住院治疗资料、工伤认定决定书、工伤职工劳动能力鉴定通知书、仲裁裁决书、交通费、检查费、鉴定费发票复印件等证据在案佐证，这些证据已经原审、再审庭审质证和本院审查，予以采信。

涪陵区人民法院再审认为，原审被告在原审原告处工作中受伤，经法定机关认定为工伤，并被鉴定为八级伤残，依法应当享受工伤保险待遇。原审原告未参加工伤保险，其应按照国务院原《工伤保险条例》第六十条的规定，支付原审被告工伤保险待遇及相关费用。故，对原审被告要求解除劳动关系并由原审原告支付工伤保险待遇及相关费用的请求，本院应予支持。

关于原审判决在计算代某某的工伤保险待遇时，是否存在未按照法律法规规定标准计算，导致判决结果明显错误的问题。根据工伤保险法规的相关规定，再审对原审被告的工伤保险待遇及相关费用审查确认为：(1)一次性伤残补助金，根据国务院原《工伤保险条例》第三十五条第(一)项，《暂行办法》第二十八条、第四十六条的规定，为10个月的本人工资。由于原审原、被告均未提供代某某受伤前的工资标准，根据重庆市劳动和社会保障局《处理意见》第一条的规定，应按照代某某受伤时上年度即2007年度重庆市职工平均工资标准1925元/月计算，即代某某的一次性伤残补助金为1925元／月×10月=19250元。(2)一次性工伤医疗补助金、一次性伤残就业补助金，根据国务院原《工伤保险条例》第三十五条第(二)项，《暂行办法》第二十八条规定，应按照代某某2009年提出解除劳动关系时上年度即2008年度重庆市职工平均工资标准2248.75元／月分别计算6个月、12个月，即代某某的一次性工伤医疗补助金为2248.75元／月×6月=13492.5元、一次性伤残就业补助金2248.75元／月×12月=26985元。(3)停工留薪期待遇，根据国务院原《工伤保险条例》第三十一条，《暂行办法》第二十四条，《重庆市工伤职工停工留薪期管理办法》第二条、第三条，《重庆市工伤职工停工留薪期分类目录7(试行)》的规定，应按照代某某受伤时上年度即2007年度重庆市职工平均工资标准1925元／月计算6个月，即代某某的停工留薪期待遇为1925元／月×6月=11550元。(4)其他费用，本案在再审中，原审原、被告对代某某受伤后的住院伙食补助费1666元、交通费241元、检查费159元、护理费3570元、鉴定费200元均无异议，本院予以确认。即原审被告的工伤保险待遇及相关费用共计为77113.5元。原审判决由于在计算代某某的工伤保险待遇时认定解除劳动关系的时间和适用工资标准不当，导致判决原审原告支付原审被告工伤保险待遇及相关费用共计84842.5元的结果错误，应予纠正。检察机关的该项抗诉理由成立，本院应予采纳。原审原告主张代某某的一次性伤残补助金为11550元、一次性工伤医疗补助金为11550元、一次性伤残就业补助金为23100元、停工留薪期待遇为6930元的理由不成立，本院不予支持。

关于原审判决是否存在漏判解除原审原、被告之间的劳动关系并终止工伤保险关系的问题。根据最高人民法院《关于审理劳动争议案件适用法律若干问题的解释》(法释〔2001〕14号)第十七条，重庆市劳动和社会保障局《处理意见》第六条第二款的规定，劳动争议仲裁委员会做出仲裁裁决后，当事人对裁决中的部分事项不服，依法向人民法院起诉的，劳动争议仲裁裁决不发生法律效力，且根据国务院原《工伤保险条例》第三十五条第(二)项规定，用人单位支付一次性工伤医疗补助金和一次性伤残就业补助金的前提是劳动合同期满终止，或者职工本人提出解除劳动合同。因此，原审判决未对原审原、被告之间的劳动关系和工伤保险关系是否解除和终止做出裁判，属漏判，本院再审应予纠正。检察机关的该项抗诉理由成立，本院应予采纳。

关于原审判决在叙述重庆市涪陵区某某装饰设计工作室和代某某在案件中的法律地位时，是否存在用语混乱、意思模糊不清的问题。经再审审查，原审判决书在叙述重庆市涪陵区某某装饰设计工作室和代某某在原审案件中的诉讼地位时，出现多处颠倒、混乱，再审应予纠正。检察机关的该项抗诉理由成立，本院应予采纳。

综上所述，原审判决存在适用法律不当，判决结果错误，再审应予纠正。抗诉机关的抗诉理由成立，其抗诉意见本院予以采纳。据此，经本院审判委员会讨论决定，依照《中华人民共和国劳动法》第七十三条第一款第（三）项，《中华人民共和国劳动合同法》第七条，国务院原《工伤保险条例》第二十九条、第三十一条、第三十五条、第六十条，《重庆市工伤保险实施暂行办法》（渝府发〔2003〕82号）第二十八条和《中华人民共和国民事诉讼法》第一百八十六条，最高人民法院《关于适用〈中华人民共和国民事诉讼法〉若干问题的意见》第二百〇一条之规定，判决：一、撤销本院（2010）涪法民初字第2317号民事判决；二、原审原告重庆市涪陵区某某装饰设计工作室在本判决生效后10日内支付原审被告代某某一次性伤残补助金19250元、一次性工伤医疗补助金13492.50元、一次性伤残就业补助金26985元、停工留薪期待遇11550元、住院伙食补助费1666元、交通费241元、检查费159元、住院护理费3570元、鉴定费200元，共计77113.50元。扣除重庆市涪陵区某某装饰设计工作室已经支付给代某某的2300元，重庆市涪陵区某某装饰设计工作室实际还应当支付给代某某74813.50元；三、原审原告重庆市涪陵区某某装饰设计工作室与原审被告代某某解除劳动关系并终止工伤保险关系。原审案件受理费5元，由原审原告重庆市涪陵区某某装饰设计工作室负担。

装饰设计室上诉称：再审判决计算代某某的一次性伤残补助金标准错误，一次性工伤医疗补助金、一次性伤残就业补助金标准不正确。代某某受伤上一年度2007年重庆市建筑业年平均工资18038元，其一次性伤残补助金应为18038÷12×10＝15031（元）。其一次性工伤医疗补助金、一次性伤残就业补助金应按2007年度重庆市职工平均工资计算，原再审按2008年度重庆市职工平均工资计算不正确。请求改判。装饰设计室上诉后又要求对代某某之伤进行劳动能力复查鉴定。代某某辩称，原再审判决认定事实清楚，适用法律正确，请求维持。

本院二审查明事实与原再审查明事实相同。

本院认为，代某某在装饰设计室工作中受伤，依法应当享受工伤保险待遇。按照国务院《工伤保险条例》第三十五条第（一）、（二）项、《暂行办法》第二十八条、四十六条、《处理意见》第一条的规定，本案一次性伤残补助金应以代某某受伤的上一年度即2007年重庆市职工年平均工资23098元计算，而非当年相同或相近行业职工年平均工资，其一次性工伤医疗补助金、一次性伤残就业补助金应按代某某提出解除劳动关系的上年即2008年全市职工月平均工资即2248.75元计算，而非受伤的上一年度即2007年全市职工月平均工资。原审法院再审按照《工伤保险条例》《暂行办法》《处理意见》确定代某某一次性伤残补助金、一次性工伤医疗补助金和一次性伤残就业补助金正确，计算无误。装饰设计室的上诉理由不成立，其请求不予支持。其要求对代某某劳动能力进行复查鉴定，应向劳动能力鉴定委员会提出。依照《中华人民共和国民事诉讼法》第一百五十三条第一款第(一)项之规定，判决如下：

驳回上诉，维持原判。

本案上诉案件受理费人民币10元，由装饰设计室负担。

本判决为终审判决。

## 【以案说法】

**工伤保险待遇如何计算？**

1.当事人一方起诉后劳动争议仲裁委员会做出的裁决的效力认定。

本案再审过程中检察机关提起抗诉指出，原审判决没有解除重庆市涪陵区某某装饰设计工作室与代某某之间的劳动关系和终止工伤保险关系是错误的，且确认双方解除劳动关系的时间为2010年1月也存在错误。

根据最高人民法院《关于审理劳动争议案件适用法律若干问题的解释》(法释〔2001〕14号)第十七条规定，重庆市劳动和社会保障局《处理意见》第六条第二款的规定，劳动争议仲裁委员会做出仲裁裁决后，当事人对裁决中的部分事项不服，依法向人民法院起诉的，劳动争议仲裁裁决不发生法律效力。本案中，重庆市涪陵区劳动争议仲裁委员会于2010年1月4日做出裁决，解除了原、被告的劳动关系并终止工伤保险关系，因原告对裁决中被告工资标准和相关赔偿金额有异议，特向人民法院提起诉讼。尽管原告并未对解除原、被告的劳动关系并终止工伤保险关系部分提起诉讼，但因原告对裁决中的部分事项不服向人民法院起诉的，整个劳动争议仲裁裁决不发生法律效力。由此，解除原、被告的劳动关系并终止工伤保险关系的裁决不发生法律效力。

又根据国务院原《工伤保险条例》第三十五条第(二)项规定，用人单位支付一次性工伤医疗补助金和一次性伤残就业补助金的前提是劳动合同期满终止，或者职工本人提出解除劳动合同。由此可见，本案判定用人单位支付一次性工伤医疗补助金和一次性伤残就业补助金必须以判定原、被告的劳动关系解除或终止为前提。故人民法院认定"原审判决未对原审原、被告之间的劳动关系和工伤保险关系是否解除和终止做出裁判，属漏判，本院再审应予纠正；检察机关的该项抗诉理由成立，本院应予采纳"正确。

2. 一次性伤残补助金、一次性工伤医疗补助金、一次性伤残就业补助金的准确计算。

按照国务院《工伤保险条例》第三十五条第（一）、（二）项、《暂行办法》第二十八条、四十六条、《处理意见》第一条的规定，本案一次性伤残补助金应以代某某受伤的上一年度即2007年重庆市职工年平均工资23098元计算，而非当年相同或相近行业职工年平均工资，其一次性工伤医疗补助金、一次性伤残就业补助金应按代某某提出解除劳动关系的上年即2008年全市职工月平均工资即2248.75元计算，而非受伤的上一年度即2007年全市职工月平均工资。

二审法院的上述认定符合现行法律的规定，因而是正确的。

3. 工伤职工停工留薪期工资和福利待遇。

根据修订后的工伤保险条例，职工因工作遭受事故伤害或者患职业病需要暂停工作接受工伤医疗的，在停工留薪期内，原工资福利待遇不变，由所在单位按月支付。由于工伤保险条例于2010年12月20日才被修订，本案争议发生在2009年，仲裁委员会做出的裁决时间也为2010年1月，因此本案应适用原《工伤保险条例》来做出裁判。原《工伤保险条例》第三十一条也规定工伤职工在停工留薪期间只能享受原工资福利待遇，即只能按2008年6月3日受伤之前的原工资福利待遇计算停工留薪期待遇。故法院根据国务院原《工伤保险条例》第三十一条，《暂行办法》第二十四条，《重庆市工伤职工停工留薪期管理办法》第二条、第三条，《重庆市工伤职工停工留薪期分类目录7（试行）》的规定，按照代某某受伤时上年度即2007年度重庆市职工平均工资标准1925元／月计算6个月做出的代某某的停工留薪期待遇为1925元／月×6月＝11550元的判决值得商榷。由于原审原、被告均未提供代某某受伤前的工资标准，但争议发生在2008年6月，理应按照2008年度重庆市职工平均工资标准26985元／月计算6个月工资标准的停工留薪期待遇。

## 【法条链接】

**劳动争议调解仲裁法**

**第五十条**　当事人对本法第四十七条规定以外的其他劳动争议案件的仲裁裁决不服的,可以自收到仲裁裁决书之日起十五日内向人民法院提起诉讼;期满不起诉的,裁决书发生法律效力。

工伤职工停工留薪期工资和福利待遇参见【精讲精析】工伤待遇部分。

## 【扩展阅读】

### 劳动者在兼职单位发生伤亡事故,能否得到工伤赔偿?

工伤认定必须以劳动关系的存在为前提。劳动关系的存在与劳动者从事的是专职还是兼职工作没有对应关系。只要在不给工作单位造成损害的前提下,劳动者可以同时与两个以上的用人单位订立劳动合同。如果劳动者与其兼职的用人单位之间签订了书面的劳动合同或者有工作报酬的领取证明、用人单位的考勤表、工友同事的书面证明等表明存在劳动关系的证据,则应认定双方建立了劳动关系。根据《关于实施(工伤保险条例)若干问题的意见》第一条的规定,劳动者工作的两个用人单位应当分别为劳动者缴纳工伤保险费。发生工伤后,由劳动者受到伤害时工作的单位依法承担工伤保险责任。①

①刘俊主编:《举案说法——工伤保险条例》,中国工人出版社,2010年,第160页。

# 第五单元　壮有所用

——失业保险篇

常言道:"三百六十行,行行出状元"。在现代社会,从事任何行业都需要敬业、守德、专注、精细,"业精于勤而荒于嬉,行成于思而毁于随"。然而,自然灾害、金融危机、政治冲突、恐怖袭击、人口增长、科技进步,这些在人类历史发展过程中遇到的问题,可能会不期而至,而这又会或多或少地引起人们的失业。在此状况下,失业便成为人们维持基本生活的潜在威胁因素,所幸的是,失业保险制度得以建立,可以消除人们失业之后对生活境遇的担心。

## 【精讲精析】

失业,小而言之指失去工作,大而言之即是指达到法定劳动年龄,具有劳动能力和劳动愿望与要求的劳动者,得不到劳动工作的机会或者得到后又失去工作机会的现象与状态。

失业,在任何国家都存在,因为失业集中反映了社会经济现象。失业的产生具有多种原因。其一,劳动力相对过剩。就我国来说,人口居于全球首位,每年都会有大量的适龄劳动力进入市场寻求就业,但社会所提供的有限就业岗位,使一部分人必然处于失业的状态,这可能是最根本的失业存在原因;其二,经济结构调整。经济结构会随着社会创造财富的步伐而得以调整,这种调整必然引起企事业单位的机构调整,因而会形成劳动力的重新分配;其三,科技进步因素。科技是第一生产力,科技的进步会分流出一部分人员,使得失业人员数量增加;其四,就业人员劳动技能的单一化,劳动者自身职业水平不高,技能单一,无法适应市场用人机制,造成失业者增加;其五,就是劳动力市场机制不健全,限制甚至是阻碍了劳动力的合理流动和有机配置。

有人从理论上将失业进行了分类,大致包括:周期性失业,结构性失业、季节性失业、技术性失业和摩擦性失业。其中,周期性失业又称为经济性失业,即在一个经济周期内由于社会总需求的不足,因而产生的就业率不足;结构性失业是指由于经济产业结构、生产形式和规模的调整,促使劳动力结构发生了变化引起的失业;摩擦性失业往往指的是就业者的求职时间与社会提供工作岗位的时间存在差异而导致的失业,如毕业生的就业问题。

市场经济是竞争的经济,有市场必然有竞争,有竞争就有淘汰,无法避免。那么,接下来我们想要讨论的是,采取何种措施可以有效减少失业以及在人们失业之后怎样保障他们的生存。纵览世界各国,大多采取的是失业保险制度和失业救助制度,对失业人员加强劳动技能培训,促进其通过掌握相当的技能而获得工作的机会,通过强化就业服务,逐步建立用人单位和就业者之间良好的信息交流平台,使失业者更快更有效地找到理想工作。

我国对失业者概念的界定还主要包括以下方面的内容:(1)失业者指城镇非农户口的劳动者,农村劳动者并不包含在内,因此,农民工不属于失业人员的统计范围;(2)失业者的年龄有所规定,一般男性在16周岁至60周岁,女性在16周岁至50周岁;(3)一般不包括在校生和休学生。

何谓失业保险?失业保险是指国家通过制定法律,建立失业保险基金,对失业人员提供一定期限的失业保险金,帮助其暂时维持基本生活水平和促进其再就业的一项社会保险制度。失业保险为劳动者消解了部分后顾之忧,对社会起到了一定的稳定作用。

失业保险就其本质来看,具有其自身的特征:(1)权利的特定性。需要明确的是,失业保险不是以劳动者劳动能力的丧失为前提,而是以劳动者就业后失去工作或因其他原因而一直未就业为前提,具有特定性,是对符合法定条件的职工所提供的优待;(2)期限的限制性。失业保险是为了保障失业者在失去工作后,仍然能够维持其基本的生活需要,但这种保险不是长期的、永久的,而是具有期限性,在有限的时间里,失业者还未找到工作,就需要另行申请社会救助,而不得再享受失业保险待遇;(3)实现再就业。失业保险不是单纯提供一定时限的救助,还包括帮助失业者实现"再次就业",具有促进就业和再就业的性质。

## 一、失业保险的对象及范围

1.各类企业及其职工,包括国有企业、城镇集体企业、城镇私营企业、外商投资企业和撤销、解散、停产整顿、破产或濒临破产的企业职工,被辞退、除名或开除的企业职工。

2.省、自治区、直辖市人民政府根据本地实际纳入的社会团体及其专职人员、民办非企业单位及其职工、有雇工的城镇个体工商户及其雇工，各类事业单位及其职工，如学校、医院、科研院所等。

3.国家机关及其工作人员均未纳入失业保险管理的统筹之内。

## 二、失业保险申领条件及程序

根据我国《失业保险条例》规定，领取失业保险金需具备的条件主要有：

1.参加了失业保险。按照法律规定，失业者所在单位和本人已经参加并缴纳失业保险费满1年就可以申领。反之可以这样来理解，不够1年者不得申领。

2.非自愿性的失业。即失业不是本人意愿所造成的，而是由于其他原因导致就业被迫中断的，如果因本人意愿性中断就业的行为，尽管已经参加失业保险，则不得享受失业保险的资格，但申请辞职尚未就业，被辞退、开除或除名者，仍可以享受失业保险待遇。

这里特别值的一提的是，初次进入劳动力市场的大学毕业生是否有享受失业保险待遇的资格，需要深思。按照2006年中组部、教育部、劳动和社会保障部等14个部门联合下发的《关于切实做好2006年普通高等学校毕业生就业工作的通知》指出："有就业愿望的应届毕业生9月1日后仍未就业的，可到入学前户籍所在城市或县劳动保障部门办理失业登记，劳动保障部门和人事部门应免费提供专门的就业服务，组织其参加职业培训或就业见习。高校毕业生见习期间由见习单位和地方财政部门根据当地实际情况，对其提供基本生活补助。高校毕业生因短期无法就业或就业后生活仍有困难的，民政部门要及时按照有关规定为符合条件的高校毕业生提供最低生活保障或临时救助，帮助他们渡过难关。"

此通知规定的内容并不是失业保险制度中的失业保险。在我国的《失业保险条例》和《社会保险法》中，并没有明文规定大学毕业生在毕业后尚未就业的就可以享受失业保险待遇，笔者认为需要完善相关法律法规，以切实保障大学毕业生在尚未落实就业单位期间的合法权益。

## 三、失业保险基金

失业保险基金是指为了消除人们因失业所带来的负面影响，由国家和政府依据法律规定，依法征集的用以保障失业人员一定期限内基本生活的资金。

(一)基金来源

根据我国《失业保险条例》的规定,我国失业保险基金的筹资方式不同于国外的资金筹集,而是按照参保的性质分类组成。

1.城镇企业事业单位缴纳。城镇企业事业单位应按照本单位工资总额的2%缴纳失业保险费。

2.城镇企业事业单位职工缴纳。在编正式职工按照本人工资的1%缴纳,农民工合同制本人不缴纳失业保险费。

3.失业保险基金的利息。

4.政府财政补贴。

5.可以依法纳入失业保险基金的其他资金,在这里主要是指失业保险调剂金。

(二)基金支出

我国的失业保险基金必须存入财政部门在国有商业银行开设的社会保障基金财政专户,实行收支两条线,做到专款专用,不得挪用和用于平衡财政收支。必须由统筹地区的社会保险办理机构来进行失业保险的预决算,报同级劳动保障部门复核,同级财政部门审核,最后经同级人民政府审批执行。审计部门依法对此项基金使用履行审计监督,以做到严密把关,层层审核,防止滥用和误用。为了在失业保险基金的使用上更为明确,《失业保险条例》明确规定其具体的支出项目:

1.失业保险金。这是失业保险基金最主要的支出,也是其作用发挥的主要方式,任何符合法定条件的失业者均可以申请领取失业保险金。

2.领取失业保险金期间的医疗补助金。在失业者领取失业保险金期间,参加职工基本医疗保险,享受基本医疗保险待遇。失业人员应缴纳的基本医疗保险费从失业保险基金中支付,个人不缴纳基本医疗保险费。这主要是考虑到当前我国的医疗改革尚不完善,失业者承担医疗费用的能力相对较弱,故从失业保险金中给予其适当的医疗补助,减轻失业者的经济压力。

3.领取失业保险金期间死亡的失业人员的丧葬补助金和其供养的配偶、直系亲属的抚恤金。

4.领取失业保险金期间接受的职业培训补贴、职业介绍补贴。

5.国家规定或者批准的与失业保险有关的其他费用。

除此之外,在1999年8月,劳动保障部发布了《关于调整失业保险基金支出项目有关问题的通知》,对失业保险的支出项目做出了调整的规定:(1)对借出已收回或尚未借出的生产自救费，清理其账户，一并归入基金；(2)关于结余的转业训练费，清理其账户，一并归入基金；(3)职业培训补贴和职业介绍补贴从失业保险基金中支出，不得单独再设立账户；(4)在留足保证失业基金充分运行的状况下，继续加大调剂基金对国有企业再就业服务中心的支持力度，保障国有企业下岗职工的基本生活。

## 四、失业保险金

失业保险金是失业保险基金支出中最主要的一部分，也是失业保险基金的重要组成部分，失业保险金关乎失业者的核心利益。因此，有必要对此加以说明。

### (一)失业保险金的确定标准

失业保险制度最关键的问题之一就是失业保险金标准的确定，这个标准过高或过低，都会给失业人员带来不良的影响。

根据我国《失业保险条例》的规定，失业保险金标准的确定要根据各地的实际经济情况来定，总的原则是：低于当地最低工资标准，高于城市居民最低生活保障标准，具体由省、自治区、直辖市人民政府确定。

### (二)失业保险金申领程序及缴费、期限

1.申领程序

(1)失业者本人到其失业前所在单位开具终止或已解除劳动关系的证明，所在单位应将失业人员名单从劳动关系终止或解除之日起，在15日内告知社会保险经办机构。

(2)失业者拿到证明后，应当及时到指定的社会保险经办机构进行失业登记，只有经过登记之后，才会发生失业保险金的计算，也就是说失业者从其进行失业登记之日起，失业保险金才能起算，如果未经登记，视为没有申请。经社会保险经办机构审核符合申领条件后，由社会保险经办机构办理相关手续。失业者可在终止或解除劳动合同之日起60日内申领失业保险金。

(3)社会保险经办机构应当在失业者办理申领手续后的10日内，告知审核结果并对符合条件的出具领取失业保险金的单证，失业者可于每月到指定银行领取失业保险金。

2.申领期限及缴费

失业保险的申领期限，通常是按照失业者失业前所在单位和本人累计缴费时间的长短来确定的，按照失业保险条例之规定，具体为：

（1）缴费时间为1年至5年的，领取失业保险金的期限不得超过12个月。

（2）缴费时间为5年至10年的，领取失业保险金的期限不得超过18个月。

（3）缴费时间为10年以上的，领取失业保险金的期限不得超过24个月。

失业保险金的缴费由缴费单位或个人足额缴纳，其缴费基准、费率依照法律和相关行政法的规定来执行，征缴范围主要有：国有企业、城镇集体企业、外商投资企业、城镇私营企业和其他城镇企业及其职工，事业单位及其职工。

（三）失业保险关系的迁转

1.企事业单位失业保险关系。根据我国《失业保险条例》之规定，失业保险采取的是属地管辖，由企事业单位所在地统筹，如果跨统筹地区迁转的，必须由企事业单位向原所在地社会失业保险经办机构提出申请，该机构经审核后出具转移证明，由迁入地失业保险机构负责接收。

2.个人失业保险关系。在这里，一是在职人员的失业保险关系，随同其本人人事档案的迁转一起转入并办理续保手续；二是失业者的失业保险关系，需将所有费用（包括失业保险金、医疗补助金、职业培训补贴和职业介绍补贴）随失业保险关系一并转入迁转转入地的社会失业保险经办机构，失业者在转入地领取失业保险金。

（四）失业保险金的停止给付

失业保险金也是一种暂时的救济方式，在失业者重新就业或者失业状况消失后，失业保险金应当停止支付，其他失业保险待遇都需要停止发放。除了出现这些因素之外，任何机构或任何人都无权擅自停发失业者的失业保险金和失业保险待遇。这些因素可以总结如下：

1.重新获得就业者，即找到了工作岗位者。失业人员重新就业的，不再符合申领失业保险金的条件，故需要向其停止支付。

2.应征入伍者。入伍即可享受军人的一切待遇，也就是说失业者的失业状态已经消失。此时，应当停止其失业保险金的发放以及失业保险其他待遇的享受。

3.移居境外者。

4.达到享受基本养老保险待遇年龄者。在失业者失业期间，其年龄已经达到我国法律所规定的享受养老保险待遇的年龄时，应终止其失业保险待遇。

5.拒不接受劳动就业培训及有关机构介绍的工作，又没有合理拒绝理由的失业保险领取者。

6.在享受失业保险待遇期间，被判处刑罚收监执行或劳动教养者。在这里需要明确一点，那就是在刑罚执行完毕或劳动教养期满后，符合失业保险金领取条件的，仍应安排其享有而不得拒绝。

7.法律、行政法规规定的其他情形。

## 【典型案例】

### 劳动者因为自身的过错导致被解雇，是否可以申领失业保险待遇呢？[①]

张某为某科技公司的员工，经常无故长期旷工，公司多次要求其遵守公司的规章制度，按时上班，但张某依然我行我素，对公司的警示置之不理。无奈之下，公司根据其内部规章制度以及《劳动合同法》第三十九条之规定，以张某“严重违反用人单位的规章制度”解除劳动合同，张某持解除劳动合同通知等相关材料，要求社会保险经办机构发放失业保险金。社会保险经办机构工作人员认为，张某属因本人意愿中断就业的，不具备享受失业保险待遇的条件。张某则认为《失业保险金申领发放办法》规定，被用人单位解除劳动合同的，属于非因本人意愿中断就业。因此，失业保险经办机构必须发给他失业保险金。据此，张某坚持社会保险经办机构应当为自己办理失业保险金及其他待遇的领取手续。

## 【以案说法】

**劳动者因为自身的过错导致被解雇，是否可以申领失业保险待遇呢？**

在本案中，张某和社会失业保险经办机构争议的焦点是“非本人意愿中断就业”这一实质条件的认定问题，即劳动者因本人存在过错而导致失业，是否可以领取失业保险待遇的争议问题。

根据我国《失业保险条例》的规定，“非因本人意愿中断就业”是失业者在失业后获得失业保险待遇的认定条件之一。实际上，在此规定中包含这样几个方面的内容：第一，在客观方面而言，表现为中断就业这样的一个事实行为；第二，从主观方面来看，表现为非本人意愿。结合主客观两方面，主要是要对

① 引自林嘉编著：《21世纪法学教材——劳动法与社会保障法》，中国人民大学出版社，2009年，第407页。

是否“本人意愿”做出认定，我国的《失业保险金申领发放办法》并未对此做出详细的界定和说明，只是对“中断就业”有所提及，但对“非因本人意愿”却未做规定。因而，张某认为自己符合申领社会失业保险的条件，社会保险经办机构应当为其发放，而社会保险经办机构则认为，张某不符合申领条件，理由在于张某因自身存在过错，从而导致合同的解除，是不符合“非因本人意愿而中断就业”这一认定条件的，故不予发放。

笔者认为，本案中虽然张某存在过错，但我国的失业保险法律法规并没有明确列举“非因本人意愿而中断就业”的具体情形，且张某并非主动要求解除劳动合同，由于法无明文规定，也无司法解释的根据，不宜认定其为“非因本人意愿而中断就业”。因此，社会保险经办机构拒绝为张某办理申领失业保险待遇的做法是不妥的。今后可通过完善相关法律规定对此问题予以明确。

## 【法条链接】

### 失业保险条例

**第二条**　城镇企业事业单位、城镇企业事业单位职工依照本条例的规定，缴纳失业保险费。城镇企业事业单位失业人员依照本条例的规定，享受失业保险待遇。本条所称城镇企业，是指国有企业、城镇集体企业、外商投资企业、城镇私营企业以及其他城镇企业。

**第十四条**　具备下列条件的失业人员，可以领取失业保险金：(一)按照规定参加失业保险，所在单位和本人已按照规定履行缴费义务满一年的；(二)非因本人意愿中断就业的；(三)已办理失业登记，并有求职要求的。失业人员在领取失业保险金期间，按照规定同时享受其他失业保险待遇。

**第二十一条**　单位招用的农民合同制工人连续工作满一年，本单位并已缴纳失业保险费，劳动合同期满未续订或者提前解除劳动合同的，由社会保险经办机构根据其工作时间长短，对其支付一次性生活补助金。补助的办法和标准由省、自治区、直辖市人民政府规定。

### 社会保险费征缴暂行条例

**第二条**　基本养老保险费、基本医疗保险费、失业保险费(以下统称社会保险费)的征收、缴纳，适用本条例。

**第三条** 失业保险费的征缴范围:国有企业、城镇集体企业、外商投资企业、城镇私营企业和其他城镇企业及其职工,事业单位及其职工。省、自治区、直辖市人民政府根据当地实际情况,可以规定将城镇个体工商户纳入基本养老保险、基本医疗保险的范围,并可以规定将社会团体及其专职人员、民办非企业单位及其职工以及有雇工的城镇个体工商户及其雇工纳入失业保险的范围。社会保险费的费基、费率依照有关法律、行政法规和国务院的规定执行。

**第四条** 缴费单位、缴费个人应当按时足额缴纳社会保险费。

**中华人民共和国社会保险法**

**第四十四条** 职工应当参加失业保险,由用人单位和职工按照国家规定共同缴纳失业保险费。

## 【扩展阅读】

### 《失业保险条例》立法的不足之处

我国《失业保险条例》第二条规定:“城镇企业事业单位、城镇企业事业单位职工依照本条例的规定,缴纳失业保险费。城镇企业事业单位失业人员依照本条例的规定,享受失业保险待遇。”

在本条中,虽然明确了可以享受失业保险待遇的覆盖范围,但仍然存在一些不足。第一,对“职工”这一概念没有做出明确的范围规定,虽然我国已经出台的《中华人民共和国社会保险法》第四十四条规定:“职工应当参加失业保险,由用人单位和职工按照国家规定共同缴纳失业保险费。”但仍然没有限定此处的职工这一概念具体所指,这就造成了在理解该条时存在误解。我们知道在单位中,一般都将职工分为正式职工和临时职工,但这就会出现和失业保险条例规定的“城镇企业事业单位招用的农民合同制工人本人不缴纳失业保险费”的规定相抵触的情况。另一方面,也为用人单位逃避为其员工缴纳失业保险费提供了可乘之机,许多用人单位和劳动者不签订合同,在理解法条时断章取义,往往将劳动者认定为“临时制工人”不为其缴纳失业保险费,严重侵害了劳动者的社会保险权。第二,失业保险的覆盖范围还是过于狭窄。这表现在:其一,未将乡镇企业和乡镇企业职工纳入到失业保险范围,由于乡镇企业中的大多数从业者都来自农村,农民工占有较大的比例,随着我国新型农村的建设,一部分农民工已经不再占有土地,因而其实际上拥有的生产资料并不如人们经常所认为中的那样多,如何保障这一部分从业者的失业保险待遇也是应该考虑的;其二,农民合同制工人的失业保险待遇不充分,也不完整,这也是应当在立法上予以考虑的。

# 第六单元 人类自身的再生产不容忽视

——生育保险篇

人类,是宇宙中的精灵,是我们迄今所知的最富有智慧的生命体,在人类发展的历史长河中,新的生命诞生,原有生命逝去,周而复始,生生不息。从远古时期开始,人类的祖先对生命的追问从未停止过,生命是如何产生的?然而,生命不是来自于神灵,也不是来自于上帝,而是来自人类自己的生育。从混沌初开,女娲造人开始,生育所承载的不仅仅是人类的繁衍,还承载着人类社会生存和发展的重任。

## 【精讲精析】

### 一、生育简介

生育就是"十月怀胎,一朝分娩"。在人类社会发展的漫长岁月里,生育常常被认为是个人、家庭的私人事务,无关涉部族和国家。然而,人类的生育也是一种社会生产力,是提升社会生产率的关键因素之一。因此,对于妇女生育过程中可能出现的危险情况,国家和社会理应给予及时有效的预防和救护,并提供物质上、经济上的必要保障,以充分尊重每一个生命体,保证本民族能够繁衍不息,薪火相传。

### 二、何谓"生育保险"

生育保险,是指国家通过立法活动,建立生育保险基金,对生育妇女在暂时中断劳动时,对其提供物质帮助的一种社会保障制度,其目的在于解决妇女在怀孕、哺乳和生产期间的收入和生活保障问题。

在妇女怀孕、生育过程中,生育保险提供给她们的帮助包括:生育医疗保障、生育津贴、产假及产假工资等。这在我国的《中华人民共和国社会保险法》《中华人民共和国劳动法》《企业职工生育保险试行办法》及《女职工劳动保护规定》中均做出了相关规定。

在我国，生育保险和其他社会保险既有共同点，又有自身的特殊性，主要体现为这样几个方面：

1.生育保险是一种特殊社会保险，其保险对象为女职工，是一项相对专属权。当然，随着现代社会生活节奏加快，男性也需要足够的时间来照顾怀孕的女性，故有些国家也已开始对夫妻双方尝试采取生育保险制度，以保证妻子安全生育。

2.生育保险是一项全面的物质保障制度。包括了女职工在生育过程中所花费的一切费用——检查费、手术费、住院费、接生费、药品费以及引致流产等发生意外所产生的费用。还包括女职工的工资、奖金及福利等合法收入。

3.在生育期间，生育保险补偿高于养老、医疗等保险，这是因为生育是一项危险性极高的行为，一旦发生意外，就会带来严重的悲剧性后果和巨大的精神性伤痛。

4.国家对生育期间的产假做出了明确规定，任何人都不得积攒、挪用产假或提前使用或推后使用。

### 三、生育保险的覆盖范围

自从1952年世界劳工组织大会通过第103号公约《保护生育公约(修订本)》以来，生育保险的适用范围就扩大到工业、非工业以及从事农事职业的妇女。到了2000年，国际劳工组织大会又通过第183号公约，进一步促进劳动力中的所有妇女享有平等的生育保险待遇。根据此公约，各国修订了本国现存的生育保险法律制度。大多数的国家都将生育保险范围适用于女性雇员，但也有国家规定在女性生育后，给予其丈夫一定的假期，以照顾生育后的妻子和婴儿，假期期间工资福利待遇不减少。但是，往往规定从事家庭劳务工作的妇女不享有此权利，这是有违公约的。因对于生育本身而言，每个生育的人都是平等的，其面临的风险都是一样的，只有把全体生育的人都平等地纳入生育保险覆盖范围，才能充分体现生育保险的公平性和社会性。

在我国，对生育保险的适用采取了社会统筹保障制，即缴费制，以保险费用的缴纳为前提。由前述所知，我国的生育保险制度正式以法律文件的形式颁布开始于1951年的《中华人民共和国劳动保险条例》，在该条例中规定了四类单位和人员可享受生育保险待遇，其范围覆盖了国营、私营、合营企业及其附属单位，专门的企业及其附属单位(铁路、交通运输、邮电等)，并且不论是正式工、临时工还是试用期的女性工人以及男性工人的妻子均可享受生育保险待遇。此后所颁行的《女职工劳动保护规定》《企业职工生育保险试行办法》《中华人民共和国劳动法》及《中华人民共和国社会保险法》都进一步将生育保险的覆盖范围扩大到国内的所有的国家机关、企事业单位和人民团体的女性职工。从这些规定来看，现在我们国家对生育保险制度的适用范围主要实行两种并存的制度，具体有：

1.以我国1988年制定的《女职工劳动保护规定》为依据。在这个规定中，生育保险的覆盖范围包括了所有国家机关、企事业单位和人民团体。由女职工所在单位承担女职工的生育津贴、产假工资、生育医疗费的报销，生育保险的管理也由其单位负责进行。

2.以我国1994年颁行的《企业职工生育保险试行办法》为依据，结合《中华人民共和国劳动法》和《中华人民共和国社会保险法》来确定其覆盖范围，主要包括城镇企业及其职工。用人单位应向当地社保经办机构缴纳生育保险费，职工个人不缴费。

这两种制度在我国现在的社会生育保险制度中并存，共同发挥指引作用。综合来看，这两种做法都是将受生育保险的保护范围限定在城镇企业及其职工。目前，我国农村的医疗改革工作已经初显成效，新型合作医疗制度的建立，新型农村养老保险制度的形成，可以说为农村生育保险制度的发展奠定了一定的基础，适时建立农村生育保险制度亦是社会保障制度的发展所趋。在这一点上，就农村而言，无论是有工作的妇女，还是没有工作的家庭妇女，都应当为她们建立生育保险制度。

## 四、生育保险基金

在这里，首先要明确的一点是生育保险费和生育保险基金是两个不同的概念，生育保险费是生育保险基金的主要来源，生育保险基金不仅仅只由生育保险费构成。一般认为，生育保险基金由以下几个方面组成：(1)用人单位缴纳的生育保险费；(2)生育保险基金的利息；(3)因延迟或拒绝缴纳生育保险费的滞纳金；(4)依法纳入生育保险基金的其他资金。可以看出，生育保险基金的来源主要是用人单位缴纳的生育保险费，《中华人民共和国社会保险法》第五十三条规定："职工应当参加生育保险，由用人单位按照国家规定缴纳生育保险费，职工不缴纳生育保险费。"由此，我国《企业职工生育保险试行办法》第四条明确规定，生育保险按照"以支定收，收支基本平衡"的原则筹集资金，由企业按照其工资总额的一定比例向社保经办机构缴纳生育保险费，建立生育保险基金。

生育保险基金中的生育保险费费率确定及缴纳：《企业职工生育保险试行办法》第四条规定："生育保险费的提取比例由当地人民政府根据计划内生育人数和生育津贴、生育医疗费等项费用确定，并可根据费用支出情况适时调整，但最高不得超过工资总额的百分之一。"

从近年来各地的实际执行情况来看，大部分都将这个生育保险费的缴费比例控制在0.6%至1%之间，但都没有超过国家所规定的1%。纵观我国的生育保险基金的统计数据就会发现，我国每年累计结余的生育保险基金数目较多，就以人力资源和社会保障部2009年和2010年发布的2009年度、2010年度《人力资源和社会保障事业发展统计公报》统计的数据来分析，2009年全年生育保险基金收入132亿元，支出88亿元，分别比上年增长16.4%和23.5%。年末生育保险基金累计结存212亿元；2010年全年生育保险基金收入160亿元，支出110亿元，分别比上年增长20.5%和24.5%。年末生育保险基金累计结存261亿元。[①]

从结余的资金量来看，可以说每年我们的生育保险基金都在增长，虽然参保人数也在增加，但丝毫不会影响基金额度的增大，这就反映出来两个问题，一个是收取生育保险金的保险费率过高，应当适当调低一点；如果不是这个问题，那么就是我们的生育保险费用待遇过低，应该提高生育保险待遇。

生育保险基金的使用和管理：我们在前面讨论过，生育保险基金主要用于女性在生育过程中产生的各项费用，包括生育津贴、生育医疗服务费用(检查费、接生费、手术费、住院费和药费等)等与生育相关的费用。还应注意到的一点是，在女职工生育出院后，如果因生育而引起的疾病的医疗费，从生育医疗保险基金中支付；但女性在产假期满后，非因生育所引起的疾病需要休息治疗的，按照有关病假待遇和医疗保险待遇规定办理，不宜再从生育医疗保险基金中支付。

《企业职工生育保险试行办法》第八条规定："生育保险基金由劳动部门所属的社会保险经办机构负责收缴、支付和管理。生育保险基金应存入社会保险经办机构在银行开设的生育保险基金专户。银行应按照城乡居民个人储蓄同期存款利率计息，所得利息转入生育保险基金。"而社会保险经办机构可以从生育保险基金中按比例提取管理费，以用于生育保险基金的管理所需的人员经费、办公经费和开展业务经费，具体比例各地都不一样，但最高不得超过

① 资料来源：中华人民共和国中央人民政府网，网址：http://www.gov.cn/gzdt/2010-05/21/content_1611039.html。

生育保险基金的百分之二。对于违规提取的,劳动行政部门可依法追缴并予以行政处罚。

生育保险基金报销程序:女性职工在生育或流产之后,由本人或所在的单位持当地计划生育部门开出的计划生育证明、婴儿出生证明、死亡证明或流产证明,到当地社会保险经办机构办理相关手续,待其审查符合规定条件后,职工就可以领取生育津贴和生育医疗费以及与生育相关的其他合理费用。

## 五、生育保险待遇

生育保险待遇就是指在女性职工生育期间,所得到的各种物质上的帮助和补偿。享受此种待遇的必须是女职工本人,非本人以外的任何人不得享有。在此,需要明确“女性生育期间”这个时间段,通常是指女性从怀孕、分娩、哺乳婴儿到身体康复这一段时间。即生育保险待遇从女性怀孕时就开始支付,我国生育保险待遇的范围包括参保的职工和参保职工的未就业配偶。生育保险待遇的内容主要是:生育津贴和生育医疗费用。具体而言其内容有:

### (一)生育津贴

生育津贴就是女职工在生育期间,离开了工作岗位,为了保障女职工生育期间的正常生活,由国家按照法律法规的规定给予的生活费用。在我国,生育津贴常常有这样两种支付方式和标准:一种是实行了生育保险统筹的地区,从生育保险基金按照女职工所在单位上年度职工月平均工资标准支付,支付期限同产假一致,为98天;另一种是对没有实行生育保险统筹的地区,生育津贴由其单位支付,其支付标准是女职工在生育前的基本工资,支付期限为98天。

### (二)生育医疗服务费

生育医疗服务费包括生育医疗费、计划生育医疗费以及法律法规规定的属于此项的其他费用。

生育医疗费:女职工在妊娠期、分娩期、生产期,因生育所发生的检查费、接生费、手术费、住院费、药费等医疗费用(超出规定的费用由职工个人支付),以及生育出院后,因生育而导致的疾病的医疗费。

计划生育医疗费:因职工实行计划生育而进行的绝育手术、引流产手术等的医疗费用。

### (三)产假

女职工生育期间,其产假不得低于98天。一般来说,分为15天的产前假,75天的产后假,如遇特殊情况,产假增加15天。因计划生育休产假的,按照卫生部、国家计划生育委员会《关于转发〈节育手术常规〉的通知》和原劳动部《关于女职工生育待遇若干问题的通知》的有关规定执行。

(四)生育期间的特殊劳动保护

根据我国劳动法的相关规定,在女性职工生育期间,不得解除劳动合同剥夺其就业权,而且要履行好收入保护和健康保护的职责。收入保护主要是不得剥夺其工资和其他福利津贴、奖金等,健康保护是不得安排怀孕女性从事高强度、高风险的劳动任务,也不得延长其工作时间。

(五)其他规定

有的地区在女性生育期间,给男性一定时间的假期用以照顾生育的配偶,在假期期间,工资按原标准发放。

## 【典型案例】

### 怀孕女工被要求去外地上班　起诉公司要工资①

陈小姐怀孕期间,所供职的工艺品公司发出通知:"公司已搬迁至外地,所有员工可选择去外地新址报到上班或多领取一个半月的工资为经济补偿后结束劳动关系"。陈小姐不愿意自动离职,也不愿意领取补偿,被公司认为劳动关系已经终结。为此,陈小姐诉至法庭,要求公司支付拖欠的工资、报销生育医疗费。

陈小姐诉称,她所供职的是上海一工艺品公司,任业务经理,月工资4500元,2007年8月怀孕后,9月份工资被降至4000元。接着,工资又被调整为2300元,另外,工作岗位由业务经理调换至前台。在12月20日其怀孕期间,被逼迫辞职。陈小姐不愿辞职,但公司告知,如不写辞职书的话将不发放当年11、12月的工资,也不用再上班。12月24日(周一),当自己正常去上班时,发现公司大门已锁,询问获知公司已搬至他处。工艺品公司辩称,2007年10月30日,公司发布公告,告知所有员工,公司在上海办事处将于当年12月19日关闭,所有员工可选择去外地新址报到上班或多领取一个半月的工资为经济补偿后结束劳动关系。当时陈小姐要求领取工资及补偿,却拒绝签字。后因陈小姐未到外地新址报到,故双方间的劳动关系实际上已于2007年12月30日终止。现双方无任何关系,故不同意其诉讼请求。

---

① 资料来源:《怀孕女工被要求去外地上班　起诉公司要工资》,载中国法院网,网址:http://old.chinacourt.org/html/article/201006/12/413921.shtml,访问日:2010年6月13日。

日前,上海市闵行区人民法院依据《中华人民共和国劳动法》及其他相关法律规定做出一审判决,判定陈小姐获工资、工资差额、住院医疗费和加班费计5.9万元。

## 【以案说法】

### 怀孕女工被要求去外地上班 起诉公司要工资

我们来对这个案例做一分析,首先法院判定的结果符合我国法律的规定。根据《中华人民共和国劳动法》第四十二条之规定:“劳动者有下列情形之一的,用人单位不得依照本法第四十条、第四十一条的规定解除劳动合同:(四)女职工在孕期、产期、哺乳期的。”《女职工劳动保护规定》第四条之规定:“不得在女职工怀孕期、产期、哺乳期降低其基本工资,或者解除劳动合同。”分别规定女职工在孕期、产期、哺乳期内的,不得解除合同,也不得降低其基本工资,即使劳动合同订立时所依据的客观情况发生重大变化,致使原劳动合同无法履行,经当事人协商不能就变更劳动合同达成协议的,用人单位亦不得解除与该劳动者间的关系。

在此,工艺品公司称需迁至外地,故要求全体员工至外地上班,其实质即系因客观情况发生重大变化而导致原劳动合同无法履行。在此情况下,工艺品公司应与劳动者就劳动合同内容的变更进行协商,但工艺品公司未举证证明其与陈小姐就实际用工地的变更进行过协商。用人单位认为其已通过公告的方式告知全体员工,如未在2007年12月30日前至外地新址报到即视为自动离职,而陈小姐并未按时报到,所以视为自动离职。但依据我国法律规定,在陈小姐怀孕期间即为生育期间,不得解除劳动合同,即便因重大情势变更也不得解除与劳动者的合同关系。最后,法院采纳了陈小姐关于双方间劳动关系至今仍存续的主张。

## 【法条链接】

### 企业职工生育保险试行办法

**第二条** 本办法适用于城镇企业及其职工。

**第四条** 职工个人不缴纳生育保险费。

**第六条** 女职工生育的检查费、接生费、手术费、住院费和药费由生育保险基金支付。超出规定的医疗服务费和药费(含自费药品和营养药品的药费)由职工个人负担。

**第七条**　女职工生育或流产后,由本人或所在企业持当地计划生育部门签发的计划生育证明,婴儿出生、死亡或流产证明,到当地社会保险经办机构办理手续,领取生育津贴和报销生育医疗费。

**第八条**　生育保险基金由劳动部门所属的社会保险经办机构负责收缴、支付和管理。"

## 女职工劳动保护特别规定

**第二条**　中华人民共和国境内的国家机关、企业、事业单位、社会团体、个体经济组织以及其他社会组织等用人单位及其女职工,适用本规定。

**第三条**　用人单位应当加强女职工劳动保护,采取措施改善女职工劳动安全卫生条件,对女职工进行劳动安全卫生知识培训。

**第四条**　用人单位应当遵守女职工禁忌从事的劳动范围的规定。用人单位应当将本单位属于女职工禁忌从事的劳动范围的岗位书面告知女职工。

女职工禁忌从事的劳动范围由本规定附录列示。国务院安全生产监督管理部门会同国务院人力资源社会保障行政部门、国务院卫生行政部门根据经济社会发展情况,对女职工禁忌从事的劳动范围进行调整。

**第五条**　用人单位不得因女职工怀孕、生育、哺乳降低其工资、予以辞退、与其解除劳动或者聘用合同。

**第六条**　女职工在孕期不能适应原劳动的,用人单位应当根据医疗机构的证明,予以减轻劳动量或者安排其他能够适应的劳动。

对怀孕7个月以上的女职工,用人单位不得延长劳动时间或者安排夜班劳动,并应当在劳动时间内安排一定的休息时间。

怀孕女职工在劳动时间内进行产前检查,所需时间计入劳动时间。

**第七条**　女职工生育享受98天产假,其中产前可以休假15天;难产的,增加产假15天;生育多胞胎的,每多生育1个婴儿,增加产假15天。

女职工怀孕未满4个月流产的,享受15天产假;怀孕满4个月流产的,享受42天产假。

**第八条**　女职工产假期间的生育津贴,对已经参加生育保险的,按照用人单位上年度职工月平均工资的标准由生育保险基金支付;对未参加生育保险的,按照女职工产假前工资的标准由用人单位支付。

女职工生育或者流产的医疗费用,按照生育保险规定的项目和标准,对已经参加生育保险的,由生育保险基金支付;对未参加生育保险的,由用人单位支付。

**第九条** 对哺乳未满1周岁婴儿的女职工,用人单位不得延长劳动时间或者安排夜班劳动。

用人单位应当在每天的劳动时间内为哺乳期女职工安排1小时哺乳时间;女职工生育多胞胎的,每多哺乳1个婴儿每天增加1小时哺乳时间。

**第十条** 女职工比较多的用人单位应当根据女职工的需要,建立女职工卫生室、孕妇休息室、哺乳室等设施,妥善解决女职工在生理卫生、哺乳方面的困难。

**第十一条** 在劳动场所,用人单位应当预防和制止对女职工的性骚扰。

**第十二条** 县级以上人民政府人力资源社会保障行政部门、安全生产监督管理部门按照各自职责负责对用人单位遵守本规定的情况进行监督检查。

工会、妇女组织依法对用人单位遵守本规定的情况进行监督。

## 【扩展阅读】

### 中国:十二五继续坚持计划生育政策[①]

日前,我国政府《国家人口发展"十二五"规划》指出,"十二五"时期,我国将继续坚持计划生育基本国策,稳定低生育水平,将更加注重利益引导,更加注重服务关怀,更加注重宣传倡导,全面加强基层基础工作,突出做好重点地区、重点人群的人口计生工作。规划称,全面做好人口和计划生育工作。保持生育政策的连续性、稳定性,更加注重利益引导,更加注重服务关怀,更加注重宣传倡导,全面加强基层基础工作,突出做好重点地区重点人群的人口计生工作。深化人口计生综合改革,着力创新稳定低生育水平、统筹解决人口问题的工作机制和方法,解决影响和制约人口计生工作科学发展的突出问题。完善稳定低生育水平相关经济社会政策。将稳定低生育水平的利益导向政策作为保障和改善民生的重要组成部分,纳入政府改善民生行动计划。全面落实法律法规规定的计划生育家庭奖励优惠政策。促进经济社会相关政策与人口计

---

① 资料来源;中国新闻网,网址:http://www.chinanews.com/gn/2012/04-10/3808000.shtml,访问日:2012年4月10日。

生政策的有机衔接，在就业、社会保障、扶贫开发、征地补偿、集体收益分配等方面，制定对计划生育家庭的倾斜政策。进一步完善以计划生育家庭奖励扶助制度、“少生快富”工程和特别扶助制度为主的优先优惠政策体系，扩大范围、提高扶助标准并建立动态调整机制。规划表示，坚持和完善现行生育政策。进一步完善宣传教育、依法管理、村(居)民自治、优质服务、政策推动、综合治理的长效工作机制，确保低生育水平的稳定。着眼长远发展，逐步完善政策，确保人口中长期战略目标的实现。

# 第七单元 拥军优属 保家卫国

——社会优抚篇

俗语说得好,“养兵千日,用兵一时”,这里所讲的养,其中之一就是我们将要谈论到的社会优抚。谈起社会优抚,大多数人会想到老红军、老英雄、军烈属这样的一些字眼。的确,在我们国家,社会优抚主要就是对孤、老、残、疾、亡故军人及亲属的帮助和慰藉。

## 【精讲精析】

社会优抚制度主要是对军人及其家属建立的一种救济帮助制度,它是随着军队的产生和发展而不断建立和完善的。具体说来,社会优抚主要包括社会优待、伤残和死亡抚恤,并根据情况的不同设定了不同层级的抚慰方式。

### 一、社会优抚概说

什么是社会优抚?概言之,就是把军人及其家属作为社会保障对象的一种社会和国家的救助制度。详言之,社会优抚是指依据法律、法规的规定和有关政策的精神,国家和社会对军人及其家属实行优待、抚恤和抚慰的一种社会保障制度。与社会救助、社会保险和社会福利相比,社会优抚具有其独特的特点,主要包括社会抚恤制度和安置制度。

社会优抚对象的特殊性。根据我国《军人抚恤优待条例》的规定,优抚对象为中国人民解放军现役军人、服现役或者退出现役的残疾军人以及复员军人、退伍军人、烈士遗属、因公牺牲军人遗属、病故军人遗属、现役军人家属、中国人民武装警察部队官兵。因参战伤亡的民兵、民工、预备役人员、民兵等因参加军事演习、军事训练和执行军事勤务伤亡的都参照此条例的有关规定办理。

在这里,我们需要明确的是,现役军人是指在军队中正在服役的军官、文职干部、义务兵和士官；残疾军人是指在现役中，因战、因公、因病（仅限于初级士官和义务兵），在医疗结束后，被有关机关审批评定为残疾军人，并发给《中华人民共和国残疾军人证》的人员；复员军人是指在1954年10月31日之前入伍、后经批准从部队复员的人员；退伍军人是指在我国1954年实行义务兵役制后复员或退伍，持有复员或退伍军人证件的人员；烈士遗属是被确定为烈士的军人，其法定的直系亲属。

我国《宪法》第四十五条规定："国家和社会保障残废军人的生活，抚恤烈士家属、优待军人家属。"这可以说是社会优抚在根本法上的法律依据。之后的《革命烈士褒扬条例》《中华人民共和国兵役法》《军人抚恤优待条例》第四条规定："国家和社会应当重视和加强军人抚恤优待工作。"则做了更为具体的规定。

## 二、社会抚恤制度

我国现行的社会抚恤制度，其针对对象包括军烈属、残疾军人及其家属和退伍军人，其形式分为死亡抚恤、伤残抚恤和优待。抚恤在此是指国家对被批准为烈士、被确认为因公牺牲或者病故的军人的家属，给予其物质上的帮助和精神上的安慰，这也是我国社会优抚制度的核心内容。

在军人的抚恤待遇上，现在实行社会优待和国家抚恤相结合，就是指以国家为主的抚恤制度，以社会为主的优待制度，以保障军人抚恤优待与经济社会水平的发展保持一致，均衡发展。保证军人及其遗属正常的生活水平不低于当地的平均生活水平。我国的军人抚恤优待主管机关是国务院民政部门，县级以上地方人民政府民政部门主管本行政区域内的军人抚恤优待工作。国家机关、社会团体、企业事业单位应当依法履行各自的军人抚恤优待责任和义务。

### （一）死亡抚恤

#### 1.死亡抚恤的对象

现役军人死亡被批准为烈士的遗属；被确认为因公牺牲的军人或者病故军人的遗属。对"遗属"的理解主要是指"烈士、因公牺牲军人、病故军人"的父母（抚养人）、配偶、子女、兄弟姐妹。

"烈士"的认定：现役军人死亡，符合下述情形之一者，批准为烈士。对敌作战死亡，或者对敌作战负伤在医疗终结前因伤死亡的；因执行任务遭敌人或者犯罪分子杀害，或者被俘、被捕后不屈遭敌人杀害或者被折磨致死的；为抢救和保护国家财产、人民生命财产或者执行反恐怖任务和处置突发事件死亡的;因执行军事演习、战备航行飞行、空降和导弹发射训练、试航试飞任务以及参加武器装备科研试验死亡的;在执行外交任务或者国家派遣的对外援助、维持国际和平任务中牺牲的;其他死难情节特别突出,堪为楷模的。

"因公牺牲"的认定:现役军人死亡,符合下述情形之一者,确认为因公牺牲。在执行任务中或者在上下班途中,由于意外事件死亡的;被认定为因战、因公致残后因旧伤复发死亡的;因患职业病死亡的;在执行任务中或者在工作岗位上因病猝然死亡,或者因医疗事故死亡的;其他因公死亡的。现役军人在执行对敌作战、边海防执勤或者抢险救灾以外的其他任务中失踪,经法定程序宣告死亡的,按照因公牺牲对待。

"病故"的认定:除"因患职业病死亡的;在执行任务中或者在工作岗位上因病猝然死亡,或者因医疗事故死亡的"这两种情况以外,军人由于其他疾病而死亡的,认定为病故。

2.死亡抚恤的具体规定

在我国,对军人死亡抚恤金的发放,因抚恤对象的不同,在抚恤金的发放和标准上也规定了几种不同的形式,具体有:

(1)一次性抚恤

根据《军人抚恤优待条例》第十五条规定:"一次性抚恤金发给烈士、因公牺牲军人、病故军人的父母(抚养人)、配偶、子女;没有父母(抚养人)、配偶、子女的,发给未满18周岁的兄弟姐妹和已满18周岁但无生活费来源且由该军人生前供养的兄弟姐妹。"第十三条则规定了一次性抚恤金的发放标准:"现役军人死亡,根据其死亡性质和死亡时的月工资标准,由县级人民政府民政部门发给其遗属一次性抚恤金,标准是:烈士和因公牺牲的,为上一年度全国城镇居民人均可支配收入的20倍加本人40个月的工资;病故的,为上一年度全国城镇居民人均可支配收入的2倍加本人40个月的工资。月工资或者津贴低于排职少尉军官工资标准的,按照排职少尉军官工资标准计算。获得荣誉称号或者立功的烈士、因公牺牲军人、病故军人,其遗属在应当享受的一次性抚恤金的基础上,由县级人民政府民政部门按照下列比例增发一次性抚恤金:①获得中央军事委员会授予荣誉称号的,增发35%;②获得军队军区级单位授予荣誉称号的,增发30%;③立一等功的,增发25%;④立二等功的,增发15%;⑤立三等功的,增发5%。多次获得荣誉称号或者立功的烈士、因公牺牲军人、病故军人,其遗属由县级人民政府民政部门按照其中最高等级奖励的增发比例,增发一次性抚恤金。”

对于这里所说的烈士、因公牺牲军人、病故军人的父母(抚养人)、配偶、子女以及兄弟姐妹(已满18周岁和未满18周岁的),就涉及继承权行使的问题,即继承人的继承顺位关系,按照《中华人民共和国继承法》规定,第一顺位继承人为父母(抚养人)、配偶、子女;第二顺位继承人为兄弟姐妹(已满18周岁和未满18周岁的)。因此,第一顺位继承人应当先于第二顺位继承人的权利,无第一顺位继承人,第二顺位继承人则拥有继承权。

(2)定期抚恤

定期抚恤金是对烈士遗属、因公牺牲军人遗属、病故军人遗属发放的生活帮助金和精神抚慰金,以安抚军人死亡后其亲属的精神情绪,保障他们基本的物质生活条件。《军人抚恤优待条例》第十六条规定:“对符合下列条件之一的烈士遗属、因公牺牲军人遗属、病故军人遗属,发给定期抚恤金:①父母(抚养人)、配偶无劳动能力、无生活费来源,或者收入水平低于当地居民平均生活水平的;②子女未满18周岁或者已满18周岁但因上学或者残疾无生活费来源的;③兄弟姐妹未满18周岁或者已满18周岁但因上学无生活费来源且由该军人生前供养的。对符合享受定期抚恤金条件的遗属,由县级人民政府民政部门发给《定期抚恤金领取证》。”第十七条规定:“定期抚恤金标准应当参照全国城乡居民家庭人均收入水平确定。定期抚恤金的标准及其调整办法,由国务院民政部门会同国务院财政部门规定。”第十八条规定:“县级以上地方人民政府对依靠定期抚恤金生活仍有困难的烈士遗属、因公牺牲军人遗属、病故军人遗属,可以增发抚恤金或者采取其他方式予以补助,保障其生活不低于当地的平均生活水平。”

(3)特别抚恤

特别抚恤是对生前曾做出过突出贡献的烈士、因公牺牲军人、病故军人,除了按照军人抚恤优待条例发放给其遗属一次性抚恤金外,军队可以按照有关规定发给其遗属一次性特别抚恤金。

这项规定主要考虑到在我国的国防建设、军队建设、科学研究中,曾经做出过特别贡献的军人,在其死亡后,应根据这种特殊贡献多给予其遗属生活上的帮助。

(二)伤残抚恤

1.伤残抚恤的对象

(1)因战致残、因公致残或者因病致残而被认定为残疾的现役军人;(2)公务员因公致残、因公牺牲、因公死亡或者病故的;(3)预备役军官在参加军事训练、执行军事勤务等军事活动中牺牲、伤残的;(4)人民警察因公致残的、因公牺牲或者病故的;(5)人民武装警察因执行任务伤亡的;(6)为抢救和保护国家财产、人民生命财产致残的人员;(7)法律、行政法规规定的其他应当由民政部门负责伤残抚恤的人员。

2.伤残抚恤的具体规定

在我国,伤残抚恤的对象主要包括上述这几类人员,但对其具体的认定则按照或比照《军人抚恤优待条例》的规定来执行。

(1)军人残疾抚恤的认定

因战、因公、因病致残的现役军人,在被认定为残疾后,由认定残疾性质和评定残疾等级的机关发给《中华人民共和国残疾军人证》。现役军人因战、因公致残,未及时评定残疾等级,退出现役后或者医疗终结满3年后,本人(精神病患者由其利害关系人)申请补办评定残疾等级,有档案记载或者有原始医疗证明的,可以评定残疾等级。但因为现实情况发生重大变化,残疾评定与实际不符的,可以申请重新进行评定。

对退出现役的军人,按照其残疾认定等级,由县级人民政府民政部门负责发放其残疾抚恤金。对残疾后,仍在服现役的军人,由所在部队经军级以上单位批准后发放给残疾抚恤金。

残疾军人的抚恤金标准应当参考全国职工平均工资水平来确定,对于残疾等级在一级至四级的残疾军人,由国家供养终身。

(2)伤残抚恤申请程序

申请人(精神病患者由其利害关系人)申请评定伤残等级认定,应当提出书面申请给其所在单位;如果没有单位的,其应当向街道办事处或乡镇人民政府递交书面申请,申请重新伤残鉴定的,其申请应提交至户籍所在县人民政府民政部门。

县级人民政府接到申请后,应当先行审查是否符合申请条件,然后依据卫生医疗专家小组出具的残疾等级医学鉴定报告,对拟定等级上报设区的市人民政府民政部门,市人民政府民政部门审核后,在20个工作日之内报送至省级人民政府民政部门,省级民政部门审查后认为符合评定等级的,逐级再返回县级人民政府民政部门,由其进行公示,公示时间不得少于7天。

(3)残疾抚恤金的发放

在对残疾评定等级确定后的第2个月起,由县级人民政府民政部门按照伤残等级给残疾者发放抚恤金，在伤残者死亡后，也应从其死亡后的第2个月起停发抚恤金。

如果伤残者在领取抚恤金期间，因犯罪而受到刑事处罚时，县级人民政府民政部门按照法院判决或公安机关的通缉令终止其抚恤金的发放并通知其家属。对刑满释放者，经本人申请并经民政部门审查符合条件的，可以从批准申请的第2个月起恢复其抚恤金的发放，但不予补发原已经停发的抚恤金。

（三）社会优待

1.社会优待的对象

（1）现役军人及家属。现役军人主要指军官、士官以及义务兵。义务兵服现役期间，其家庭由当地人民政府发给优待金或者给予其他优待，优待标准不低于当地平均生活水平。义务兵和初级士官入伍前是国家机关、社会团体、企业事业单位职工（含合同制人员）的，退出现役后，允许复工复职，并享受不低于本单位同岗位（工种）、同工龄职工的各项待遇；服现役期间，其家属继续享受该单位职工家属的有关福利待遇。义务兵和初级士官入伍前的承包地（山、林）等，应当保留；服现役期间，除依照国家有关规定和承包合同的约定缴纳有关税费外，免除其他负担。义务兵从部队发出的平信，免费邮递。义务兵和初级士官退出现役后，报考国家公务员、高等学校和中等职业学校，在与其他考生同等条件下优先录取。

现役军人凭有效证件、残疾军人凭《中华人民共和国残疾军人证》优先购票乘坐境内运行的火车、轮船、长途公共汽车以及民航班机；残疾军人享受减收正常票价50%的优待。

现役军人、残疾军人凭有效证件参观游览公园、博物馆、名胜古迹享受优待，具体办法由公园、博物馆、名胜古迹管理单位所在地的县级以上地方人民政府规定。

（2）烈士家属、因公牺牲、病故军人家属。残疾军人、因公牺牲军人子女、一级至四级残疾军人的子女，驻边疆国境的县（市）、沙漠区、国家确定的边远地区中的三类地区和军队确定的特、一、二类岛屿部队现役军人的子女报考普通高中、中等职业学校、高等学校，在录取时按照国家有关规定给予优待；接受学历教育的，在同等条件下优先享受国家规定的各项助学政策。现役军人子女的入学、入托，在同等条件下优先接收。因公牺牲军人、病故军人的子女、兄弟姐妹，本人自愿应征并且符合征兵条件的，优先批准服现役。

（3）残疾军人。残疾军人、复员军人、带病回乡退伍军人、因公牺牲军人遗属、病故军人遗属承租、购买住房依照有关规定享受优先、优惠待遇。居住农村的抚恤优待对象住房有困难的,由地方人民政府帮助解决。国家对一级至六级残疾军人的医疗费用按照规定予以保障,由所在医疗保险统筹地区社会保险经办机构单独列账管理。残疾军人、复员军人、带病回乡退伍军人以及因公牺牲军人遗属、病故军人遗属享受医疗优惠待遇。在国家机关、社会团体、企业事业单位工作的残疾军人,享受与所在单位工伤人员同等的生活福利和医疗待遇。所在单位不得因其残疾将其辞退、解聘或者解除劳动关系。

2.社会优待资金来源

根据2004年颁布并经2011年修订的《军人抚恤优待条例》规定了对军人的优待抚恤,而社会优待资金的来源是通过这样几项组成:

(1)财政拨款;

(2)军属所在单位或军人参军之前所在单位分担;

(3)社会统筹方式。

总体来看,社会优待资金主要是通过国家和社会相结合的方式来获取的。

## 三、安置制度

根据2001年中共中央、国务院、中央军委颁布的《军队转业干部安置暂行办法》之规定,我国军人安置制度主要包括军人转业安置、退役安置和离退休安置。此处,我们选择了一些重点予以阐述。

### (一)转业安置

此处所说的"转业"是指国家机关、企事业单位对退出现役的军官(包括士官)和文职干部参照其在部队所任职务,分配适当工作的情况。担任团级以下职务的军队干部,年龄已明显超过服现役的;超过编制不能调整的;身体状况不宜服现役的;其他原因需要转业的时候,必须转业。对转业干部的安置要本着妥善安置、合理使用、人尽其才、各得其所的原则,采取计划分配和自主择业相结合的方式。

安置地点的选择一般是以入伍前原籍所在地,但也可以随配偶的户籍所在地安置。夫妇同为军人的,可以以任何一方为主安置。对计划安置到事业单位的人员,应按照其在部队的职务安排相应的管理或技术岗位,并且给予3年的适应期。对自主择业的,应提供政策等的支持。

退役金的发放:计划安置的一次性按照规定标准予以发放;对自主择业的,由安置地政府逐月发给退役金,如有立功情形,则可以给予增发退役金。

（二）退役安置

主要是对退役的义务兵安置，根据我国1997年12月颁行的《退伍义务兵安置条例》规定，义务兵的安置贯彻从哪里来，回哪里去的原则，各单位必须接收国家统一分配任务，包干安置。

（三）离退休安置

主要根据《关于军队干部离职休养的暂行规定》《关于军队干部退休的暂行规定》《军队转业干部安置暂行办法》为依据，具体年龄和条件主要规定在《现役军官法》《文职干部暂行条例》和《中国人民解放军士官退出现役安置暂行办法》。

## 【典型案例】

### 军人优抚申诉案的深度分析[①]

退伍军人陈某原籍建始县某乡镇，1947年2月在山东解放时入伍，曾作战5次，负伤2次，残疾等级三等乙级。1955年2月复员回建始。1960年因刑事犯罪被判刑20年，1980年刑满释放，未回原籍，随后在沙洋农场与易某结婚安家落户。2002年，其再婚妻易某去世，陈氏在无依无靠的情况下，于2002年底回建始（其户籍仍在荆州）随女儿生活。2003年2月开始，陈某开始在建始县上访，要求解决优抚待遇等问题，同年9月19日，其女儿将其送到建始县民政局后回家。在陈永忠无家可归的情况下，建始县民政局通知其原籍乡民政办将其接回，安置在乡福利院。2004年3月13日，陈某在福利院病故，福利院按农村习俗办理丧事，将其安葬。

2008年4月，陈某之女开始上访，建始县民政局和恩施州民政局按照信访程序进行处理，认为陈某户籍不在建始县，不属于建始县解决落实优抚待遇的范围。2009年5月14日，陈某之女向建始县人民法院提起行政诉讼，要求发放抚恤金120960元，赔偿损失156020元。经法院开庭审理后，原告申请撤诉，与县民政局进行调解，法院于2009年8月30日裁定准予撤诉。调解未达成一致意见，原告于2010年1月再次向一审法院起诉，一审法院于2010年9月判决民

---

① 资料来源：敬大力：《案例分析军人优抚申诉案的深度分析》，湖北省人民检察院网站，网址：http://www.hbjc.gov.cn/shiwuyanjiu/zhenchashiwu/201109/t20110929_726729.html，收入时有改动。

政局履行发放抚恤金的法定职责,并赔偿原告的损失10000元。一审被告民政局不服,上诉至州中级人民法院,2010年12月13日,恩施州中级人民法院行政判决维持了一审判决。

## 【以案说法】

### 军人优抚申诉案的深度分析

在上述案件中,作为审理案件的法院认为,本着以人为本和尊重历史及客观现状的态度,结合该案的特殊性,在法律适用问题上,应综合考虑适用1950年实施的《革命残疾军人优待抚恤暂行条例》(以下简称《暂行条例》)、1988年实施的《军人抚恤优待条例》和1989年民政部《关于贯彻执行〈军人抚恤优待条例〉若干问题的解释》以及2004年实施的《军人抚恤优待条例》、2008年施行的《湖北省军人抚恤优待条例实施办法》的规定,由建始县民政局履行发放抚恤金的职责。同时,结合2004年施行的《军人抚恤优待条例》第四十六条关于"因不履行优待义务使抚恤优待对象受到损失的,应当依法承担赔偿责任"的规定精神,考虑本案原告存在诸如增加祭祀不便和开支的合理因素,酌情确定被告建始县民政局赔偿损失计10000元。陈某的抚恤标准应按2008年10月1日起执行的抚恤标准(三等乙级套改八级)4320元/年计发120960元。因陈某已于2004年3月13日死亡,其女儿主张在诉求中形成的误工费、交通费等损失,共计106015元的观点的事实依据和法律依据均存在欠缺,不予支持。因此判决:一、被告建始县民政局依法履行向陈某之女发放陈某抚恤金的法定职责;二、被告建始县民政局依法赔偿原告陈某之女损失计人民币10000元;三、驳回原告其他诉讼请求。二审法院在审理后,仍维持了一审法院的判决。

但本书作者认为,法院在审判中适用法律不当。主要理由是:(1)民政部《关于贯彻执行〈军人抚恤优待条例〉若干问题的解释》第十二条规定"革命伤残军人户口迁移,应同时办理伤残抚恤转移手续。现役的革命伤残军人伤残抚恤关系转移后,伤残保健金如何发放,由总后勤部自行规定。退出现役的革命伤残军人伤残抚恤关系转移后,其户口迁出地的民政部门负责发给当年的伤残抚恤金或保健金,户口迁入地的民政部门应凭《革命伤残军人证》和转移手续,从第2年1月起按规定予以抚恤。"因此,陈某应当得到建始县民政部门会同其退役后户口转出地人民政府的民政部门办理转接手续,并发放相应的抚恤金。但建始县却没有这样做,安排其在福利院临时工作,是不符合法律规定的。(2)陈某于2004年3月13日死亡,依法应适用1988年8月1日施行的《军人抚恤优待条例》,而不应当像本案判决"综合考虑"并同时适用《暂行条例》、1988年8月1日的《军人抚恤优待条例》、2004年10月1日施行的《军人抚恤优待条例》、2008年8月1日施行的《湖北省军人抚恤优待实施办法》,违背了法律适用的原则。所以陈某即使符合《军人抚恤优待条例》规定应该享受优抚待遇,也应该依照1988年8月1起施行的《军人抚恤优待条例》的规定,不应由其祖籍地民政局承担发放抚恤金责任,而应当由其户籍所在地荆州沙洋农场民政局予以落实。

## 【法条链接】

### 军人抚恤优待条例(修订)

**第三条** 军人的抚恤优待,实行国家和社会相结合的方针,保障军人的抚恤优待与国民经济和社会发展相适应,保障抚恤优待对象的生活不低于当地的平均生活水平。全社会应当关怀、尊重抚恤优待对象,开展各种形式的拥军优属活动。国家鼓励社会组织和个人对军人抚恤优待事业提供捐助。

**第五条** 国务院民政部门主管全国的军人抚恤优待工作;县级以上地方人民政府民政部门主管本行政区域内的军人抚恤优待工作。国家机关、社会团体、企业事业单位应当依法履行各自的军人抚恤优待责任和义务。

**第七条** 现役军人死亡被批准为烈士、被确认为因公牺牲或者病故的,其遗属依照本条例的规定享受抚恤。

**第二十一条** 现役军人残疾被认定为因战致残、因公致残或者因病致残的,依照本条例的规定享受抚恤。因第八条第一款规定的情形之一导致残疾的,认定为因战致残;因第九条第一款规定的情形之一导致残疾的,认定为因公致残;义务兵和初级士官因第九条第一款第三项、第四项规定情形以外的疾病导致残疾的,认定为因病致残。

**第三十二条** 烈士遗属依照《烈士褒扬条例》的规定享受优待。

### 烈士褒扬条例

**第二条** 公民在保卫祖国和社会主义建设事业中牺牲被评定为烈士的,依照本条例的规定予以褒扬。烈士的遗属,依照本条例的规定享受抚恤优待。

**第十一条** 国家建立烈士褒扬金制度。烈士褒扬金标准为烈士牺牲时上一年度全国城镇居民人均可支配收入的30倍。战时，参战牺牲的烈士褒扬金标准可以适当提高。烈士褒扬金由颁发烈士证书的县级人民政府民政部门发给烈士的父母或者抚养人、配偶、子女；没有父母或者抚养人、配偶、子女的，发给烈士未满18周岁的兄弟姐妹和已满18周岁但无生活来源且由烈士生前供养的兄弟姐妹。

## 中华人民共和国兵役法（修订）

**第五十三条** 现役军人享受规定的休假、疗养、医疗、住房等福利待遇。国家根据经济社会发展水平提高现役军人的福利待遇。国家实行军人保险制度，与社会保险制度相衔接。军人服现役期间，享受规定的军人保险待遇。军人退出现役后，按照国家有关规定接续养老、医疗、失业等社会保险关系，享受相应的社会保险待遇。现役军人配偶随军未就业期间，按照国家有关规定享受相应的保障待遇。

**第五十四条** 国家建立健全以扶持就业为主，自主就业、安排工作、退休、供养以及继续完成学业等多种方式相结合的士兵退出现役安置制度。

**第五十六条** 现役军人，残疾军人，退出现役军人，烈士、因公牺牲、病故军人遗属，现役军人家属，应当受到社会的尊重，受到国家和社会的优待。军官、士官的家属随军、就业、工作调动以及子女教育，享受国家和社会的优待。

**第五十七条** 现役军人因战、因公、因病致残的，按照国家规定评定残疾等级，发给残疾军人证，享受国家规定的待遇和残疾抚恤金。因工作需要继续服现役的残疾军人，由所在部队按照规定发给残疾抚恤金。

## 军队转业干部安置暂行办法

**第二条** 本办法所称军队转业干部，是指退出现役作转业安置的军官和文职干部。

**第四条** 军队干部转业到地方工作，是国家和军队的一项重要制度。国家对军队转业干部实行计划分配和自主择业相结合的方式安置。计划分配的军队转业干部由党委、政府负责安排工作和职务；自主择业的军队转业干部由政府协助就业、发给退役金。

**第十六条** 军队转业干部一般由其原籍或者入伍时所在省（自治区、直辖市）安置，也可以到配偶随军前或者结婚时常住户口所在地安置。

【扩展阅读】

## 国务院、中央军事委员会关于修改《军人抚恤优待条例》的决定[①]

国务院、中央军事委员会决定对《军人抚恤优待条例》做如下修改：

一、将第八条第一款修改为："现役军人死亡，符合下列情形之一的，批准为烈士：

（一）对敌作战死亡，或者对敌作战负伤在医疗终结前因伤死亡的；

（二）因执行任务遭敌人或者犯罪分子杀害，或者被俘、被捕后不屈遭敌人杀害或者被折磨致死的；

（三）为抢救和保护国家财产、人民生命财产或者执行反恐怖任务和处置突发事件死亡的；

（四）因执行军事演习、战备航行飞行、空降和导弹发射训练、试航试飞任务以及参加武器装备科研试验死亡的；

（五）在执行外交任务或者国家派遣的对外援助、维持国际和平任务中牺牲的；

（六）其他死难情节特别突出，堪为楷模的。"

将第三款修改为："批准烈士，属于因战死亡的，由军队团级以上单位政治机关批准；属于非因战死亡的，由军队军级以上单位政治机关批准；属于本条第一款第六项规定情形的，由中国人民解放军总政治部批准。"

二、增加一条，作为第十二条："现役军人死亡被批准为烈士的，依照《烈士褒扬条例》的规定发给烈士遗属烈士褒扬金。"

三、将第十二条改为第十三条，第一款修改为："现役军人死亡，根据其死亡性质和死亡时的月工资标准，由县级人民政府民政部门发给其遗属一次性抚恤金，标准是：烈士和因公牺牲的，为上一年度全国城镇居民人均可支配收入的20倍加本人40个月的工资；病故的，为上一年度全国城镇居民人均可支配收入的2倍加本人40个月的工资。月工资或者津贴低于排职少尉军官工资标准的，按照排职少尉军官工资标准计算。"

---

① 资料来源：中华人民共和国中央人民政府网站，网址：http://www.gov.cn/zwgk/2011-07/30/content_1916939.htm。

四、增加一条，作为第三十二条："烈士遗属依照《烈士褒扬条例》的规定享受优待。"

五、将第三十二条改为第三十四条，第三款修改为："残疾军人、复员军人、带病回乡退伍军人以及因公牺牲军人遗属、病故军人遗属享受医疗优惠待遇。具体办法由省、自治区、直辖市人民政府规定。"

六、将第三十六条改为第三十八条，修改为："因公牺牲军人、病故军人的子女、兄弟姐妹，本人自愿应征并且符合征兵条件的，优先批准服现役。"

七、将第三十七条改为第三十九条，第二款修改为："残疾军人、因公牺牲军人子女、一级至四级残疾军人的子女，驻边疆国境的县（市）、沙漠区、国家确定的边远地区中的三类地区和军队确定的特、一、二类岛屿部队现役军人的子女报考普通高中、中等职业学校、高等学校，在录取时按照国家有关规定给予优待；接受学历教育的，在同等条件下优先享受国家规定的各项助学政策。现役军人子女的入学、入托，在同等条件下优先接收。具体办法由国务院民政部门会同国务院教育部门规定。"

八、将第三十八条改为第四十条，修改为："残疾军人、复员军人、带病回乡退伍军人、因公牺牲军人遗属、病故军人遗属承租、购买住房依照有关规定享受优先、优惠待遇。居住农村的抚恤优待对象住房有困难的，由地方人民政府帮助解决。具体办法由省、自治区、直辖市人民政府规定。"

九、将第五十条改为第五十二条，第一款修改为："军队离休、退休干部和退休士官的抚恤优待，依照本条例有关现役军人抚恤优待的规定执行。"

十、将第二十一条第二款、第三十二条第一款中的"劳动保障部门"和第三十九条中的"劳动保障部门、人事部门"修改为"人力资源社会保障部门"。

此外，对部分条款顺序做了相应调整。

本决定自2011年8月1日起施行。

《军人抚恤优待条例》根据本决定做相应修改，重新公布。

# 第八单元　幸福生活在招手

## ——社会福利篇

社会福利，从广义来说，是指提高人们生活质量的所有保障和服务措施。在世界各个国家，对“福利”一词的认识不同，因而人们对社会福利的理解程度是不同的。

## 【精讲精析】

### 一、社会福利简介

有学者认为，“贫困、疾病和犯罪等社会病态是‘福利社会’的反义词。”[①]对于社会福利这一概念，大概有这样几种定义。其一，认为“社会福利是指国家和社会通过举办各种福利事业和采取各种福利措施，为社会成员提供基本生活需要并不断改善生活状况的一种社会保障制度。”[②]其二，认为“在现代工业化和市场化的社会中，为了达到社会福利的理想状态，收入安全是最重要的方面。无论是为了疗救社会病态（如失业、贫困造成的生活痛苦），还是为了满足人类生活的基本需要，收入保障都是最基本最重要的方面。所以，收入安全为目标的社会保障是社会福利制度中最重要的方面。”[③]其三，认为“社会福利是指国家和社会为改善和提高全体社会成员的物质、精神生活而采取的措施和提供的设施及服务，包括人们的衣、食、住、行、乐、环境、教育等，涉及物质和精神生活的各个方面。”[④]而多数学者则将社会福利表述为社会福利是国家和社会给全体社会成员提供满足其生活需要，提高其生活质量，而提供各种服务、

---

① 尚晓援：《社会福利与社会保障再认识》，载《中国社会科学》，2001年第3期。

② 林嘉：《劳动法和社会保障法》，中国人民大学出版社，2007年，第457页。

③ 林嘉：《劳动法和社会保障法》，第457页。

④ 覃有土、樊启荣：《社会保障法》，法律出版社，1997年，第357页。

设施或津贴的制度。社会福利是社会保障制度的组成部分,社会福利可以分为公共社会福利和弱势群体社会福利两类。

从以上对概念的分析可以看出,社会福利的资金来源于国家和社会,国家财政预算拨款和通过社会捐助所募集的资金是其基金的主要来源,而并非向被保障的社会成员收取。社会福利实施对象具有普遍性和特殊性,所以其作用的人群包括了全体社会成员。它的目标是提高社会成员的生活质量,而不是实施社会救济,因此,在实施社会福利的过程中,不需要对实施对象做经济状况调查。由此也可以看出,社会福利制度是提供福利性待遇的保障。

## 二、社会福利分类

对社会福利的分类,从当前的各个国家来看,主要分为公共社会福利和弱势群体社会福利。

### (一)公共社会福利

公共社会福利,概言之,就是提供给全体社会成员的,能够满足社会成员的高标准的社会需求,涉及各个方面,具体包括教育、卫生、文化、住房、社区等。

#### 1.教育社会福利

我国《宪法》第十九条:“国家发展社会主义的教育事业,提高全国人民的科学文化水平。国家举办各种学校,普及初等义务教育,发展中等教育、职业教育和高等教育,并且发展学前教育。国家发展各种教育设施,扫除文盲,对工人、农民、国家工作人员和其他劳动者进行政治、文化、科学、技术、业务的教育,鼓励自学成才。国家鼓励集体经济组织、国家企业事业组织和其他社会力量依照法律规定举办各种教育事业。国家推广全国通用的普通话。”

从《宪法》的规定来看,一方面,我国的教育机构必须是国家举办的,或经过国家批准设立的,任何个人或组织未经国家批准而擅自创建教育机构的,均属违法;另一方面,国家保障教育机构的教育经费投入,由国家列入经费预算。

在义务教育阶段,强制性规定九年义务教育制度,义务教育阶段由国家统一实施,不得收取学费、杂费。对于家庭经济困难的学生,国家将予以资助,免费提供教科书并补助生活费用。

对因生理上有残疾的适龄青少年,国家开设特殊教育学校,帮助这些青少年学习科学文化知识。国家鼓励教育捐助,来帮助国家发展教育事业。

2.卫生社会福利

卫生社会福利主要是实现人人健康,做好初级卫生保健。初级保健的内容有:预防控制疾病,改善食品安全、检测饮用水安全,妇幼保健,传染病的预防、地方病的防治,常见病的处理等。

3.文化社会福利

文化社会福利主要是以文化、娱乐、体育等设施和服务方式向人们提供,是为了满足人民群众的文化、娱乐、体育等方面的需求。如开放公园、博物馆、图书馆、影剧院、体育场馆等。

4.住房社会福利

在我们国家,住房社会福利首推住房公积金制度的建立,其次是经济适用房保障制度的建立。

5.社区社会福利

社区就是指居住在一定区域内所形成的社会生活共同体。在社区中,社区福利主要包括社区教育、文化、卫生、体育服务,社区老人照顾服务,社区救助服务等。

(二)弱势群体社会福利

我国的弱势群体是指依靠自身的力量或能力,无法达到维持其基本生活水平标准,需要国家或社会给予帮助或支持的个人或家庭。主要有:未成年人群体、老年人群体、妇女群体以及残疾人群体。

1.未成年人群体

未成年人,在我国规定为未满18周岁的人。未成年人因为生理、心理尚处于发育阶段,因而其身体状况、行为思想都处于不断的变化之中,所以需要社会力量来辅助其成长。未成年人的福利主要包括医疗保健服务,教育福利,社会福利设施的使用,孤儿、弃儿、残疾儿童的福利。

2.老年人群体

老年人指的是60周岁以上的公民。老人福利不仅仅是对老年人的关怀、尊敬和基本生活的照料,更重要的是协助老人自立、参与社会活动,给空巢老人各种关怀和照料。这些主要通过老年人福利津贴、老年人保健、社会养老保险等制度得以体现。还包括对老年人的优待政策的制定和执行。

3.妇女群体

我国《宪法》第四十八条:“中华人民共和国妇女在政治的、经济的、文化的、社会的和家庭的生活等各方面享有同男子平等的权利。国家保护妇女的权利和利益,实行男女同工同酬,培养和选拔妇女干部。"这就说明,妇女是社会中不可缺少的元素。在妇女权益的保护上,主要有生育津贴制度的建立、卫生保健的要求等。

4.残疾人群体

在我国制订的《残疾人保障法》中规定,对残疾人,国家和社会要提供满足其生活需要、提高其生活质量的各种服务、设施或津贴制度。要帮助残疾人康复,搞好残疾人教育、文化生活以及社会保障,为残疾人创造无障碍环境。

**【典型案例】**

## 学生课间玩耍受伤学校是否有责任?①

某日下午,某小学课间期间,学生杨某在操场玩耍,被正在追逐打闹的学生李某、王某撞倒在地,并被压在身下,造成阴茎包皮挫裂伤。杨某受伤后,学校立即将其送往医院治疗,并同时通知了3名学生的家长。在医院,杨某做了包皮环切手术,但未住院治疗,并于10天后到校继续上课。其医疗费、交通费等已由李某、王某的监护人支付。经公安部门法医活体检验鉴定,该包皮环切手术属正常手术,不会对杨某的身体造成不良影响,属于轻伤。

其后,杨某的家长作为代理人,以杨某因伤害造成生殖器畸形,可能对今后生活产生影响为由,以另两个学生及该学校为被告,提起诉讼,要求3方赔偿他们因误工减少的收入及精神损伤费10万元。

一审法院经审理认为:杨某在课间被李某、王某撞倒造成身体伤害,李某、王某均系未成年人,其在校期间,学校应当承担教育、管理的责任。因此,对杨某在校期间身体被伤害,该小学也有一定的过错,应承担一定责任。但由于杨某的医疗费、交通费等已由另两个学生的监护人赔付,且公安部门的鉴定已证明,杨某所受的伤害不会对其身体发育造成不良影响。因此,原告的请求于法无据,判决驳回起诉。原告认为一审法院认定小学对伤害的发生有一定的责任,却不判决其承担责任,结果不公,遂提起上诉。

①《学生课间玩耍受伤学校是否有责任?》,原载《中国教育报》,引自中国青少年维权网,网址:http://155.cycnet.com/dianxing/anli20011113.htm。

二审法院经审理认为：李某、王某作为限制民事行为能力人，在学校课间嬉戏时致杨某受伤，有过错，应承担民事赔偿责任。根据最高人民法院《关于贯彻执行〈中华人民共和国民法通则〉若干问题的意见（试行）》第159条，“被监护人造成他人损害的，有明确的监护人时，由监护人承担民事责任”之规定，应由两名学生的监护人承担民事责任。在他们不慎致伤杨某的过程中，学校不存在管理过错，故不应承担民事赔偿责任。一审判决认定事实、适用法律均有错误，予以撤销。

## 【以案说法】

**学生课间玩耍受伤学校是否有责任？**

由于未成年学生彼此间的追逐、玩耍、打闹、玩笑等行为，而造成的学生身体受伤的情况，在中小学校中是比较常见、多发的。本案就是典型的由此而引发的学生伤害事故。一旦发生了此类事故，学校是否有责任呢？根据最高人民法院《关于贯彻执行〈中华人民共和国民法通则〉若干问题的意见（试行）》第160条的规定，“在幼儿园、学校生活、学习的无民事行为能力的人或者在精神病院治疗的精神病人，受到伤害或者给他人造成损害，单位有过错的，可责令这些单位适当给予赔偿”。因此，在学生伤害事故中，应当按过错责任原则确定学校责任，即学校有过错的承担与其过错相应的责任，无过错的即无责任。

一审法院认为未成年学生在校受伤，学校就有过错，应承担责任。二审法院的判决推翻了这一结论，认为此案中学校无管理过错，不负责任。实际上，两级法院都是在依据过错责任原则判断学校的责任，而分歧的关键在于对学校过错的认定上。一审的判决，以只要未成年学生是在校期间发生的伤害，学校就一定有过错的逻辑，推导出学校有责任。这样的判断，不仅没有指出学校具体的侵权行为及其与损害结果之间的因果关系，缺乏法律上的支持，显得过于武断；而且也没有考虑学校教育的具体特点和由此会给教育活动带来的负面影响。这样的判决不仅没有促进学校明确自己的责任范围，加强对相关情形的防范，反倒得出了无论自身如何尽责，只要发生学生事故都难以免责的结论。为防止此类事故的发生，学校就很可能选择消极的措施，于是就出现了许多学校限制学生课间活动、减少校外活动的不正常现象。二审判决，纠正了一审的错误,有利于维护学校的合法权益,保护学校开展正常的教育教学活动。

那么如何确定学校管理职责的范围,以明确在类似的事故中学校是否有管理过错呢?首先,要明确学校职责的来源。学校、教师对学生在校期间的人身安全负有保护的职责,是来源于《教育法》《教师法》《未成年人保护法》等法律的规定,而不是来源于有些理论所认为的学校是未成年学生在校期间的监护人,而享有的监护职责。学校是否尽到管理的职责,应以其是否履行了法定义务以及是否在可预见的范围内,尽到了谨慎的注意义务为判断依据。

以本案为例,未成年的学生课间追逐打闹从孩子的天性来讲是不可避免的,从教育者的角度,也是正常的,不应当限制,学校未禁止学生的此类行为,并不属于管理的疏忽和过错。如果孩子的玩耍在正常的范围内,只是由于偶然的和难以防范的意外而发生事故,那么学校就没有管理的过错。但由于学生是未成年人,其对危险的认知和判断是有限的,学校和教师还是有义务制止他们明显的危险行为,如在危险的地方玩耍、以危险的方式游戏、以危险的手段玩笑等。如果学校、教师发现了而未及时予以制止,那么就应对事故后果承担部分责任。当然,对事故责任的判断是难以完全予以客观化描述的,关键还是以教师是否根据专业的知识、职业的道德,尽到了谨慎管理者的义务为依据,在具体案件中应当具体分析。

**【法条链接】**

## 中华人民共和国教育法

**第十七条** 国家实行学前教育、初等教育、中等教育、高等教育的学校教育制度。国家建立科学的学制系统。学制系统内的学校和其他教育机构的设置、教育形式、修业年限、招生对象、培养目标等,由国务院或者由国务院授权教育行政部门规定。

**第十八条** 国家实行九年制义务教育制度。各级人民政府采取各种措施保障适龄儿童、少年就学。适龄儿童、少年的父母或者其他监护人以及有关社会组织和个人有义务使适龄儿童、少年接受并完成规定年限的义务教育。

**第十九条** 国家实行职业教育制度和成人教育制度。各级人民政府、有关行政部门以及企业事业组织应当采取措施,发展并保障公民接受职业学校教育或者各种形式的职业培训。国家鼓励发展多种形式的成人教育，使公民接受适当形式的政治、经济、文化、科学、技术、业务教育和终身教育。

## 中华人民共和国义务教育法

**第十一条**　凡年满6周岁的儿童，其父母或者其他法定监护人应当送其入学接受并完成义务教育；条件不具备的地区的儿童，可以推迟到7周岁。适龄儿童、少年因身体状况需要延缓入学或者休学的，其父母或者其他法定监护人应当提出申请，由当地乡镇人民政府或者县级人民政府教育行政部门批准。

**第十二条**　适龄儿童、少年免试入学。地方各级人民政府应当保障适龄儿童、少年在户籍所在地学校就近入学。

## 中华人民共和国未成年人保护法

**第三条**　未成年人享有生存权、发展权、受保护权、参与权等权利，国家根据未成年人身心发展特点给予特殊、优先保护，保障未成年人的合法权益不受侵犯。未成年人享有受教育权，国家、社会、学校和家庭尊重和保障未成年人的受教育权。未成年人不分性别、民族、种族、家庭财产状况、宗教信仰等，依法平等地享有权利。

**第十条**　父母或者其他监护人应当创造良好、和睦的家庭环境，依法履行对未成年人的监护职责和抚养义务。禁止对未成年人实施家庭暴力，禁止虐待、遗弃未成年人，禁止溺婴和其他残害婴儿的行为，不得歧视女性未成年人或者有残疾的未成年人。

**第十三条**　父母或者其他监护人应当尊重未成年人受教育的权利，必须使适龄未成年人依法入学接受并完成义务教育，不得使接受义务教育的未成年人辍学。

**第二十二条**　学校、幼儿园、托儿所应当建立安全制度，加强对未成年人的安全教育，采取措施保障未成年人的人身安全。学校、幼儿园、托儿所不得在危及未成年人人身安全、健康的校舍和其他设施、场所中进行教育教学活动。学校、幼儿园安排未成年人参加集会、文化娱乐、社会实践等集体活动，应当有利于未成年人的健康成长，防止发生人身安全事故。

**第三十条**　爱国主义教育基地、图书馆、青少年宫、儿童活动中心应当对未成年人免费开放；博物馆、纪念馆、科技馆、展览馆、美术馆、文化馆以及影剧院、体育场馆、动物园、公园等场所,应当按照有关规定对未成年人免费或者优惠开放。

## 中华人民共和国老年人权益保障法

**第三条** 国家和社会应当采取措施,健全对老年人的社会保障制度,逐步改善保障老年人生活、健康以及参与社会发展的条件,实现老有所养、老有所医、老有所为、老有所学、老有所乐。

**第四条** 国家保护老年人依法享有的权益。老年人有从国家和社会获得物质帮助的权利,有享受社会发展成果的权利。禁止歧视、侮辱、虐待或者遗弃老年人。

**第十一条** 赡养人应当履行对老年人经济上供养、生活上照料和精神上慰藉的义务,照顾老年人的特殊需要。赡养人是指老年人的子女以及其他依法负有赡养义务的人。赡养人的配偶应当协助赡养人履行赡养义务。

**第二十三条** 城市的老年人,无劳动能力、无生活来源、无赡养人和扶养人的,或者其赡养人和扶养人确无赡养能力或者扶养能力的,由当地人民政府给予救济。农村的老年人,无劳动能力、无生活来源、无赡养人和扶养人的,或者其赡养人和扶养人确无赡养能力或者扶养能力的,由农村集体经济组织负担保吃、保穿、保住、保医、保葬的五保供养,乡、民族乡、镇人民政府负责组织实施。

## 中华人民共和国妇女权益保障法(修正)

**第二条** 妇女在政治的、经济的、文化的、社会的和家庭的生活等各方面享有同男子平等的权利。实行男女平等是国家的基本国策。国家采取必要措施,逐步完善保障妇女权益的各项制度,消除对妇女一切形式的歧视。国家保护妇女依法享有的特殊权益。禁止歧视、虐待、遗弃、残害妇女。

**第二十六条** 任何单位均应根据妇女的特点,依法保护妇女在工作和劳动时的安全和健康,不得安排不适合妇女从事的工作和劳动。妇女在经期、孕期、产期、哺乳期受特殊保护。

**第二十七条** 任何单位不得因结婚、怀孕、产假、哺乳等情形,降低女职工的工资,辞退女职工,单方解除劳动(聘用)合同或者服务协议。但是,女职工要求终止劳动(聘用)合同或者服务协议的除外。各单位在执行国家退休制度时,不得以性别为由歧视妇女。

**第二十八条**　国家发展社会保险、社会救助、社会福利和医疗卫生事业，保障妇女享有社会保险、社会救助、社会福利和卫生保健等权益。国家提倡和鼓励为帮助妇女开展的社会公益活动。

**第二十九条** 国家推行生育保险制度，建立健全与生育相关的其他保障制度。地方各级人民政府和有关部门应当按照有关规定为贫困妇女提供必要的生育救助。

### 中华人民共和国残疾人保障法

**第二条**　残疾人是指在心理、生理、人体结构上，某种组织、功能丧失或者不正常，全部或者部分丧失以正常方式从事某种活动能力的人。残疾人包括视力残疾、听力残疾、言语残疾、肢体残疾、智力残疾、精神残疾、多重残疾和其他残疾的人。残疾标准由国务院规定。

**第九条**　残疾人的扶养人必须对残疾人履行扶养义务。残疾人的监护人必须履行监护职责，尊重被监护人的意愿，维护被监护人的合法权益。残疾人的亲属、监护人应当鼓励和帮助残疾人增强自立能力。禁止对残疾人实施家庭暴力，禁止虐待、遗弃残疾人。

**第十二条**　国家和社会对残疾军人、因公致残人员以及其他为维护国家和人民利益致残的人员实行特别保障，给予抚恤和优待。

**第二十一条**　国家保障残疾人享有平等接受教育的权利。

**第二十二条**　残疾人教育，实行普及与提高相结合、以普及为重点的方针，保障义务教育，着重发展职业教育，积极开展学前教育，逐步发展高级中等以上教育。

**【扩展阅读】**

## 我国《残疾人保障法》的立法宗旨[①]

我国《残疾人保障法》的立法宗旨有三：

一是维护残疾人的合法权益。这是制定该法的重要目的，也是该法的主

① 资料来源：我国《残疾人保障法》的立法宗旨，中国中央人民政府网站，网址：http://www.gov.cn/fwxx/cjr/content_1315490.htm。

要内容。对残疾人享有的合法权益通过专门的立法加以保护,这是由残疾人群体的特性决定的。通过立法保障残疾人的合法权益是国家和社会的责任。

二是发展残疾人事业。残疾人事业是为残疾人服务,解决残疾人问题,改善残疾人状况,促进残疾人"平等、参与、共享"的综合性社会事业。残疾人事业内涵丰富,涉及面广,包括康复、教育、劳动就业、文化、体育、福利、环境以及残疾人组织的建设,业务渗透各领域,工作涉及各部门。该法是权益保护法与事业促进法的结合,既保护残疾人的权益,又指导残疾人事业的发展;通过发展残疾人事业,保护残疾人权益,改善残疾人状况。

三是促进残疾人平等地充分参与社会生活,共享社会物质文化成果。这是制定该法的根本目的,也是残疾人事业的崇高目标。具体说就是保障残疾人的权利,尊重残疾人的价值,发挥残疾人的潜能,使他们以平等的权利、均等的机会,充分参与社会生活,共享社会物质文化成果。

# 第九单元　雪中送炭　扶危济困

## ——社会救助篇

人生无常，世事难料，因遭受灾害、失去劳动能力或收入过低的公民需要国家及社会予以特别的救济。纵观当前，世界上各个国家普遍都建立了社会救助（也称社会救济）制度，以救助因上述原因而陷入生活困境中的人们。这里，让我们来了解一下社会救助制度。

**【精讲精析】**

### 一、何为社会救助制度

在现代社会，每个人都可能沦为贫困者，都可能遭遇意想不到的社会风险，从而导致伤残、疾病、死亡。社会救助制度的建立，满足了陷入困境者的生活需要。

（一）社会救助概念

从法律概念的含义上来看，社会救助是指一个国家在其社会资源承载力的基础上，依据相关法律法规和政策规定，国家和社会通过对国民收入的再分配，按照法定程序对因各种原因而陷入生活困境，不能维持最低生活水平的个人或者家庭，提供物质帮助或社会福利服务，从而使这些个人或家庭摆脱困境的一种社会制度。

（二）社会救助模式

社会救助制度模式，也就是社会救助的存在方式。在目前来看，大概被分为这样三种方式：

1.民间救助模式。这种救助体系建立在国家慈善事业的发展上，以社会捐助财产为其资金来源，如慈善基金会等。这种形式的救助主要是民间形式的公益团体或机构对生存困难的人所提供的救助，其救助活动既不代表政府也不代表国家，完全是个人行为。从法律权利和义务的层面来看，这种捐助行为是志愿者的单方行为,与被救助者之间不存在权利义务的对等关系,因而带有明显的随意性。

2.政府救助模式。政府直接以政府财政预算支出,来帮助那些依靠私力救济难以满足其基本生活需求的个人或家庭,给予他们物质上的帮助或提供福利。这一救助形式的主要组织者是政府,而其资金来源主要由财政拨付,如我国的《中华人民共和国社会救助法(草案)》(以下简称《社会救助法(草案)》)第八条规定:“社会救助所需资金,由地方各级人民政府列入财政预算,专项管理,专款专用;对财政困难的地区以及发生特大自然灾害和重大突发公共卫生事件的地区,中央财政按照规定给予补助。”并且明确规定了政府救助的对象和类型,即第三条:“本法所称社会救助,是指国家和社会对依靠自身努力难以维持基本生活的公民给予的物质帮助和服务。社会救助以贫困孤残供养和最低生活保障为基本内容,并包括教育救助、医疗救助、住房救助、自然灾害救助、临时救助以及国家确定的其他救助。”

3.私力救助与公力救助相结合的混合模式。即由政府组织与民间机构共同构建的相互补充的救助体系。这一模式是我国社会救助的基本模式,这主要体现在《社会救助法(草案)》第二条:“国家建立社会救助制度,承担为公民提供社会救助的基本责任,为开展社会救助提供必要的物质条件和组织保障。”第五条:“国务院民政部门负责全国社会救助的管理工作,国务院财政、教育行政、卫生行政、住房城乡建设、人力资源社会保障等部门依照各自的职责负责相应的社会救助管理工作。县级以上地方各级人民政府民政、财政、教育行政、卫生行政、住房城乡建设、人力资源社会保障等部门依照各自的职责负责本行政区域相应的社会救助管理工作。”第九条:“国家提倡社会组织和个人为社会救助事业捐赠资金和物资,鼓励社会工作者、志愿者等参加社会救助服务工作。”

(三)社会救助原则

《社会救助法(草案)》第四条规定:“社会救助遵循下列原则:(1)保障基本生活;(2)与经济社会发展水平相适应,与其他社会保障制度相衔接;(3)鼓励劳动自救、社会互助;(4)公开、公平、公正、及时。”

从这一条款可以看出,我们国家社会救助的首要原则是保障公民的生存权,生存权是在一定的历史时期和社会关系下,人们应当享有维持其正常生活所必需的基本条件和基本权利。其次,社会救助不是盲目地搞冒进主义和平均主义,而是同国家的经济发展水平相适应,在我国宪法修正案(五)中明确指出:“国家建立健全同经济发展水平相适应的社会保障制度”。可以这样说,一个国家的社会救助制度应该和这个国家的经济发展水平相适应,在此必须强调国家不能为了实现社会保障制度而搞西方国家所谓的“福利国家”,也不能一味追求社会救助而阻碍国家的经济发展。在西方的“福利国家”,过度追求社会保障和社会福利,不仅不能促进经济发展,为经济提供强有力的支撑,而且会阻碍经济的发展。希腊政府破产,“欧债危机”再次警示,一个国家如果过度“福利消费”,将会引起国家经济发展的不平衡,甚至会加速经济的滞后和倒退,给国民带来灾难性的后果。

因此,我国的社会救助必须实现与经济发展水平相适应。要实现这种相适应,其关键是怎样来衡量社会救助标准的建立,这就是原则最后所强调的“鼓励劳动自救、社会互助”,从这一点可以看出,国家救助毕竟是外部因素,通过这种外部因素来引导被救助者的内部因素,调动被救助者实施积极地自我作为,变被动等待为主动出击,寻找适合自身发展的有效途径,促使其尽快摆脱困境,重新获得足够的自信心和自尊心,从而踏上幸福美满的生活之路。“公开、公平、公正、及时”原则保证国民能够知悉、参与和监督社会救助,确保国民对社会救助事务的知情权、参与权和监督权。社会救助是一项社会惠民工程,尤其是涉及国民的切身利益,尽管我国已经建立了政府政务公开制度,但如何有效地将这项制度落实在社会救助这个层面,仍然存在一定的障碍,故而这项原则必须予以强调。

## 二、社会救助制度的具体内容

《社会救助法(草案)》第三条明确规定:“社会救助以贫困孤残供养和最低生活保障为基本内容,并包括教育救助、医疗救助、住房救助、自然灾害救助、临时救助以及国家确定的其他救助。”可以说,我国的社会救助具体制度的主要内容包括:最低生活保障制度、专项救助制度(教育救助、医疗救助、住房救助)、自然灾害救助制度和临时救助制度。

### (一)最低生活保障制度

#### 1.什么是最低生活保障制度

生活是“柴、米、油、盐、酱、醋、茶”的集合,是“仓廪实而知礼节,衣食足而知荣辱”的描画。在社会生活中,人们首要的是生存,生存需要吃饱饭,穿暖衣,而后才能知书达理,为国家的繁荣和富强而奋斗一生。怎样才能保证这些最基本的生活需要,使生活在贫困中的人们得以过上衣食无忧的生活?最低生活保障制度应时而生，承担起扶危济困的重任。

在此，最低生活保障仅仅是指居民最低生活保障，这种制度指在社会成员无法满足其生存的基本条件，难以维持其基本生活时，由国家和社会按照法定的程序和标准，提供满足其最低生活需要的物质援助制度。在我国，居民最低生活保障制度是针对“家庭人均收入低于最低生活保障标准的贫困人口”，政府予以救助的一项社会保障制度。其救助的对象是以“家庭”而非“个人”为基本单元，衡量标准是以家庭人均收入作为基点，因为每个人都是家庭的一个元素，人们生活水平高低主要以家庭来衡量，个人的实际生活水平常常是通过其所在家庭的平均收入水平来反映。这种最低生活保障只是一种临时性、应急性的救助措施，其目的在于为生活在贫困线以下的社会成员提供维持其基本生活需求的物质保障，而不是为了满足人们生活上的其他要求或者提高人们生活质量水平，只是一种基本生活费用补贴，不具有长期性。当一个家庭由于遭受到某种不可预见的变故，其生活状况因此无法达到当地最低生活保障线的时候，就可以申请最低生活保障救助；然而随着其生活状况的逐步改善，其家庭的平均生活水平已经达到或超过当地规定的最低生活保障线时，就不应当再贪恋这种制度，而应将它给需要帮助的人。

2.最低生活保障制度分类

受我们国家长期以来所形成的城乡二元体制及居民户籍制度的影响，我国最低生活保障制度基本上可被分为城市居民最低生活保障制度和农村居民最低生活保障制度。

(1)城市居民最低生活保障制度

①“家庭收入”认定范围和标准

1999年，由国务院颁布并实施的我国《城市居民最低生活保障条例》(国务院令第271号，以下简称《低保条例》)第二条规定：“持有非农业户口的城市居民，凡共同生活的家庭成员人均收入低于当地城市居民最低生活保障标准的，均有从当地人民政府获得基本生活物质帮助的权利。前款所称收入，是指共同生活的家庭成员的全部货币收入和实物收入，包括法定赡养人、扶养人或者抚养人应当给付的赡养费、扶养费或者抚养费，不包括优抚对象按照国家规定享受的抚恤金、补助金。”在本条中，第一，明确界定了城市居民是指“持有非农业户口的城市居民”，认定根据是以户籍登记的记载为准，而不是居民的居住区域。从此条规定来看，原则上符合城市居民资格者，均可以申请城市居民最低生活保障救助，然而按照我国社会救助的原则，只是针对城市中的因先天或后天的因素丧失劳动能力者、遭受天灾人祸而暂时失业者、鳏寡孤独者、残疾者等无法有效获得基本生活资料的困难人群，而非全部城市居民。第二，对收入这一概念进行了厘定，是以家庭为单位来计算的整个家庭成员的总收入，既包括货币收入，也包括实物收入，事实上是指“整个家庭成员货币收入和实物收入的总和”。2008年，由民政部会同国务院发展改革委员会、公安部、财政部等部门颁行的《城市低收入家庭认定办法》中规定：“家庭收入是指家庭成员在一定期限内拥有的全部可支配收入，包括扣除缴纳的个人所得税以及个人缴纳的社会保障支出后的工薪收入、经营性净收入、财产性收入和转移性收入等。家庭财产是指家庭成员拥有的全部存款、房产、车辆、有价证券等财产。家庭成员按照国家规定获得的优待抚恤金、计划生育奖励与扶助金、教育奖（助）学金、寄宿生生活费补助以及见义勇为等奖励性补助，不计入家庭收入。”也进一步明确了“家庭收入”的范围认定。

《低保条例》确定了城市居民最低生活保障的对象，在第六条则规定了城市居民最低生活保障标准的确定和认定程序。“城市居民最低生活保障标准，按照当地维持城市居民基本生活所必需的衣、食、住费用，并适当考虑水电燃煤（燃气）费用以及未成年人的义务教育费用确定。直辖市、设区的市的城市居民最低生活保障标准，由市人民政府民政部门会同财政、统计、物价等部门制定，报本级人民政府批准并公布执行；县（县级市）的城市居民最低生活保障标准，由县（县级市）人民政府民政部门会同财政、统计、物价等部门制定，报本级人民政府批准并报上一级人民政府备案后公布执行。城市居民最低生活保障标准需要提高时，依照前两款的规定重新核定。”同样，《城市低收入家庭认定办法》也规定：“城市低收入家庭认定标准主要包括两项指标，即家庭收入和家庭财产，应当根据当地经济和社会发展水平，统筹考虑居民人均可支配收入、最低生活保障标准、最低工资标准以及住房保障和其他社会救助的关系，以满足城市居民基本生活需求为原则，按照不同救助项目需求和家庭支付能力确定。”可以说，城市居民最低生活保障线的确定，是由地方各级政府按照本地区平均的生活收入和消费支出水平来规定，并不由国家统一做出规定，我国经济发展区域的不平衡性决定了这样的确定标准，从总体上说符合我国的基本国情，有利于城市居民最低生活保障制度的良好运转。

②居民申请低保程序及审批程序

申请提交阶段：城市居民认为其家庭收入低于当地政府所规定的最低生活保障标准时，该家庭的户主可向户籍所在地的街道办事处或镇人民政府提出书面申请,出具有关证明材料,并填写《城市居民最低生活保障待遇审批表》。

申请审核阶段:城市居民最低生活保障待遇,由其所在地的街道办事处或者镇人民政府初审,在对申请者的资格进行初步审核后,将有关材料和初审意见报送县级(区级)人民政府民政部门审批。

申请审批阶段:县级(区级)人民政府民政部门经过审查,第一,对符合享受城市居民最低生活保障待遇条件的家庭,应当区分不同情况批准其享受城市居民最低生活保障待遇:其一,对无生活来源、无劳动能力又无法定赡养人、扶养人或者抚养人的城市居民,批准其按照当地城市居民最低生活保障标准全额享受;其二,对尚有一定收入的城市居民,批准其按照家庭人均收入低于当地城市居民最低生活保障标准的差额享受。第二,对不符合享受城市居民最低生活保障待遇条件的,应当书面通知申请人,并说明理由。第三,应当自接到申请人提出申请之日起的30日内完成审批。

执行监督阶段:对经批准享受最低生活保障的城市居民,管理审批机关应当同时采取适当形式以户为单位予以公布,接受社会监督。任何人对不符合法定条件而享受城市居民最低生活保障待遇的,都有权向管理审批机关提出意见;管理审批机关经核查,对情况属实的,应当予以纠正。财政部门、审计部门依法监督城市居民最低生活保障资金的使用情况。享受城市居民最低生活保障待遇的城市居民家庭人均收入情况发生变化的,应当及时通过居民委员会告知管理审批机关,办理停发、减发或者增发城市居民最低生活保障待遇的手续。管理审批机关应当对享受城市居民最低生活保障待遇的城市居民的家庭收入情况定期进行核查。在就业年龄内有劳动能力但尚未就业的城市居民,在享受城市居民最低生活保障待遇期间,应当参加其所在的居民委员会组织的公益性社区服务劳动。

③保障款物的发放和领取

申请到最低生活保障待遇的城市居民家庭,可以每月按标准到所在地区的乡、镇人民政府或城市街道办事处领取最低生活保障金或实物,乡、镇人民政府或街道办事处不得克扣或拖延发放。对从事城市居民最低生活保障管理审批工作的人员,因玩忽职守、徇私舞弊,或者贪污、挪用、扣压、拖欠城市居民最低生活保障款物的,给予批评教育,依法给予行政处分;构成犯罪的,依法追究其刑事责任。

④惩罚性规定与权利救济

《低保条例》第十四条规定了违规领取城市居民最低生活保障救助的惩罚性措施："享受城市居民最低生活保障待遇的城市居民有下列行为之一的，由县级人民政府民政部门给予批评教育或者警告，追回其冒领的城市居民最低生活保障款物；情节恶劣的，处冒领金额1倍以上3倍以下的罚款：采取虚报、隐瞒、伪造等手段，骗取享受城市居民最低生活保障待遇的；在享受城市居民最低生活保障待遇期间家庭收入情况好转，不按规定告知管理审批机关，继续享受城市居民最低生活保障待遇的。"第十五条则规定了城市居民最低生活保障救助出现例外时，可以向有关机关进行行政复议或行政救济以保护自己的权利："城市居民对县级人民政府民政部门做出的不批准享受城市居民最低生活保障待遇或者减发、停发城市居民最低生活保障款物的决定或者给予的行政处罚不服的，可以依法申请行政复议；对复议决定仍不服的，可以依法提起行政诉讼。"

"享受最低生活保障的家庭，户主应当分别于每年的1月和7月通过社会救助经办机构向县级人民政府民政部门报告其家庭收入和财产状况；不报或者延报的，民政部门可以暂停发放或者临时降低其最低生活保障待遇。民政部门可以对享受最低生活保障的家庭的收入和财产状况进行核查。享受最低生活保障的家庭的收入和财产状况发生变化的，民政部门应当及时办理增发、减发或者停发最低生活保障待遇的手续。"

(2)农村居民生活最低保障制度

我国是一个农业大国，也是一个人口大国。相对而言，农村居民人口所占比重较大，做好农村居民的生活保障是关系到国家稳定繁荣的关键。因此，国家在做好城市居民最低生活保障的同时，积极贯彻各项政策确保农村居民的生活保障。与城市居民的生活保障制度相较而言，我国农村居民的生活最低保障制度尚未完全实现制度化，但基本制度已经建立。

①受助对象范围的划定

在我国农村地区，由于地理分布的不同，在确定最低生活保障标准时，所划定的"保障线标准"各有不同，但总体上都以本地区维持最低生活资料来限定。在受助对象的划定上，一般采取"民主集中制"的方式，即在确定受助对象上，常常由申请人提出申请，然后由村民委员会进行初步审查，对符合受助条件的申请者组织召开村民大会或村民代表大会，由村民或村民代表进行投票，最终确定受助对象，由村民委员会报乡（镇）民政机构进行审批，审批完结后报送县级民政部门备案。

②最低生活保障标准的划定

在我国,农村地区居民最低生活保障标准由地方人民政府来确定,具体来说是由县级以上各级人民政府自行制定并予以公布执行,但各地在确定低保标准的过程中,所考虑的因素主要有这样几项:第一,本地区居民平均收入水平;第二,本地区物价水平;第三,本地区经济发展水平;第四,本地区财政状况;第五,本地区居民基本生活消费开支状况,如吃饭、穿衣、水电煤的使用等。但大多数状况下,各级政府在确定这个标准的时候,更多地是以国家每年所公布的贫困标准作为参考并最终确定。

3.最低生活保障待遇的阻却事由

享受最低生活保障的家庭,其家庭成员有劳动能力尚未就业的,应当接受当地人民政府人力资源社会保障部门介绍的工作,在连续3次无正当理由拒绝当地部门所介绍的工作的,应当停发或者减发其本人的最低生活保障待遇。

因积极参加就业,使其家庭收入增加,不再符合最低生活保障所规定范围之内的家庭,可以继续享受最低生活保障待遇6个月,在期满之后则应当取消其继续享受最低生活保障的待遇。

(二)农村"五保户"救助制度

根据我国2006年颁行的《农村五保供养条例》规定,"农村五保供养"是指依照该条例,给予"老年、残疾或者未满16周岁的村民;无劳动能力、无生活来源又无法定赡养、抚养、扶养义务人的村民;无劳动能力、无生活来源的村民,其法定赡养、抚养、扶养义务人无赡养、抚养、扶养能力的享受农村五保供养待遇"。在吃、穿、住、医、葬等方面的生活照顾和物质帮助。"

1."五保户"的申请程序

申请递交:由村民本人向村民委员会递交申请,因年幼、智力残疾无法正确表达意愿的,可以由村民小组或其他村民代为递交申请,村民委员会经初审,对符合《农村五保供养条例》第六条规定范围内的申请者,在全村范围内予以公告,公告期满无重大异议的,由村民委员会做出评议意见并连同申请材料一并报送乡、民族乡、镇人民政府审核。

申请审批:乡、民族乡、镇人民政府自收到申请材料20日之内审核完毕,提出审核意见并报送县级人民政府审批;县级人民政府自收到报送材料20日之内,做出审批决定。对批准的发放《农村五保供养证书》,对不批准的,应当做出书面说明理由。在审核、审批过程中,乡、民族乡、镇人民政府应当对申请人的家庭状况和经济条件进行调查核实;必要时,县级人民政府民政部门可以进行复核。申请人、有关组织或者个人应当配合、接受调查,如实提供有关情况。

2.“五保户”的供养内容

农村五保户享受的待遇标准不得低于当地村民的平均生活水平,并根据当地村民平均生活水平的提高适时调整,各级地方政府负责本行政地区内农村五保供养标准的制定、公布和执行。对“五保户”的具体供给内容主要包括:(1)粮油、副食品和生活用燃料;(2)服装、被褥等生活用品和零用钱;(3)符合基本居住条件的住房;(4)疾病治疗,对生活不能自理的给予照料;(5)办理丧葬事宜。除此之外,规定了对于不满16周岁或者已满16周岁仍在接受义务教育的,必须保证其接受义务教育所需的费用。另外,对农村五保供养对象的疾病治疗,应当与新型农村合作医疗和农村医疗救助制度相衔接。

农村五保供养都有哪些形式呢?一般是以当地农村五保供养的服务机构集中供养,如敬老院、养老院、福利院等。也可以由家庭分散供养,享受农村五保供养的村民有权自行决定供养形式,任何人或组织不得剥夺其自由选择的权利。

县级以上人民政府依法对农村五保供养工作实施监督检查,其财政部门应当按照规定足额拨付农村五保供养资金,确保五保户正常的生活秩序。从事五保供养工作的人员有下列情形的,应分别按情况予以行政处分或承担刑事责任:“对符合农村五保供养条件的村民不予批准享受农村五保供养待遇的,或者对不符合农村五保供养条件的村民批准其享受农村五保供养待遇的;贪污、挪用、截留、私分农村五保供养款物的;有其他滥用职权、玩忽职守、徇私舞弊行为的。”“村民委员会组成人员贪污、挪用、截留农村五保供养款物的,依法予以罢免;构成犯罪的,依法追究刑事责任。”“农村五保供养服务机构工作人员私分、挪用、截留农村五保供养款物的,予以辞退;构成犯罪的,依法追究刑事责任。”

(三)专项救助制度

根据我国《社会救助法(草案)》的规定,专项救助主要包括:教育救助、医疗救助、住房救助。对家庭贫困的人而言,尽管社会最低生活保障制度能够使其维持基本生活,但在面对孩子教育费用,医院医疗费用和住房费用时,仍然没有能力来解决,国家于是设立了这种专项救助制度,对这些贫困家庭给予进一步的救济,以帮助其解决依然存在的问题。

1.教育救助

(1)救助对象:教育救助的对象基本上界定为“贫困学生”,即接受义务教育阶段经济困难的中小学生,中等职业教育阶段和普通高等教育阶段的经济困难学生。但如何确定"贫困生"却没有一个统一的标准,无论从教育部联合发文中,还是从社会救助法草案中,都没有明确进行规定。因此,对贫困生的认定标准都是各级政府按照自己所制定的标准进行执行,然总体来看,概括其法律规定本旨,主要具体指这样一些人:"单亲经济困难家庭子女,孤儿,残疾、智障儿童,因重大变故而造成贫困的家庭的子女,父母残疾的贫困家庭子女,无劳动能力、无生活来源、无法定扶养义务人或虽有法定抚养义务人但其无能力抚养者"。

(2)救助形式:对贫困学生的救助,我们国家进行了具体规定。即"县级以上人民政府按照国家有关规定对义务教育阶段家庭经济困难学生提供必要的学习、生活补助,对寄宿学校的家庭经济困难学生补助生活费用,国家对义务教育阶段全体学生逐步免费提供教科书。""在贫困学生高中阶段,推行助学金、奖学金制度。""在中等教育、高等教育阶段提供助学金、奖学金,并且减免学费、提供国家助学贷款或提供特困补助。"

教育救助的申请、审核、批准、发放及监督管理,依照国务院或其教育行政部门的规定办理。

2.医疗救助

(1)救助对象:贫困孤残人员;最低生活保障人员;除维持基本生活所必需的家庭财产以外,其他家庭财产不足以支付基本医疗费用中属于自付部分的家庭。

在此,对"维持基本生活所必需的家庭财产范围"的认定,由省、自治区、直辖市人民政府参考当地享受最低生活保障的家庭所有财产状况予以确定。

(2)救助形式:享受医疗救助的贫困家庭,在医疗过程中,如果出现以下情况,县级或县级以上人民政府应当给予适当补助,以实现医疗救助的初衷。一是对参加新型合作医疗和城镇居民基本医疗保险的贫困孤残人员、享受最低生活保障人员,因参保缴费确有困难的,县级人民政府应当给予资助;二是对参加新型合作医疗和城镇居民基本医疗保险的贫困孤残人员、享受最低生活保障人员,在产生医疗费用后,经城镇职工基本医疗保险、城镇居民基本医疗保险和新型农村合作医疗报销后,仍无力支付剩余的基本医疗费用的,或者其所在家庭在变卖、抵押除维持基本生活所必需的家庭财产后,仍无法支付剩余基本医疗费用的,其家庭所在地区县级人民政府应当给予适当补助;三是因非救助对象本人的原因,没有参加城镇居民基本医疗保险或者新型农村合作医疗的,所在地区县级以上人民政府应当给予其基本医疗费用适当的补助。

(3)医疗费用结算形式:参加城镇职工基本医疗保险、城镇居民基本医疗保险和新型农村合作医疗的人员,到指定的定点医疗机构就医所发生的费用,由医疗救助机构垫付,救助对象只需付清自付部分费用;救助对象需要转到非指定的定点医疗机构就诊,需定点医疗机构出具转诊证明并报当地县级人民政府民政部门审核。

3.住房救助

(1)救助对象:符合当地住房救助低收入标准家庭;符合当地住房困难标准的家庭。

当地住房救助低收入标准和住房困难标准由省、自治区、直辖市人民政府根据本地经济发展状况和住房建设情况、住房价格水平制定公布并根据变化适时调整。

(2)救助形式:在住房救助方式的选择上,采取了城镇居民和农村居民相区别的救助形式,具体内容有:一是城镇住房救助采取实行租赁补贴和实物配租相结合的廉租住房制度,由当地县级以上人民政府按照审核的救助对象现有住房面积与救助住房面积的差额,以当地平均住房租赁租金为标准给予住房租赁补贴或者进行实物配租而免除其救助面积标准内的租金;二是农村困难群众住房改进工程的推进,地方县级以上人民政府,应将农村困难群众住房和国家扶贫工程、农村大型工程、农村危房改造、移民和生态建设等工程建设项目结合起来,通过向农村困难群众发放新建住房补贴、危房改造补贴、提供建房选址和房屋构造技术服务等方式,逐步改善农村困难群众的住房状况。

在经济比较发达的农村地区,地方人民政府应鼓励农村集体自筹资金新建住房,收购并改建旧有闲置空房,提供给无房困难户免费使用和居住。在冬季,地方人民政府应向无房困难户提供冬季采暖补助。

《社会救助法(草案)》第三十九条规定:"住房救助的申请、审核、公示等程序,以及资金筹措、房屋来源、监督管理等事项,依照国务院或者国务院住房城乡建设、民政部门有关城市廉租住房和农村住房救助的规定执行。"

### (四)自然灾害救助

随着德国学者乌尔里希·贝克《风险社会》的问世,风险这个词逐步被引用到社会生活的各个层面。人们的生活中充满了各种风险,然而,遭遇和承受风险是人类历史发展过程中必然要经历的过程。在这里,风险往往是伴随着令人不安的甚至危险境况的发生,自然灾害就是其中一种。在这种状况下,每个国家都相继建立了自然灾害预警机制,制定了自然灾害救助制度。

自然灾害救助,顾名思义就是指因自然力(如气象、地质、地貌、海洋、生物等)的破坏作用而导致基本生活受到严重影响的人,由各级人民政府提供并保障其基本的生活必需品,保障其吃饭、穿衣、住房、医疗等应急性的基本生活救助。

1.自然灾害救助对象:指"遭受自然灾害侵袭,因而处于生活困难状况下的,无力保障自身吃、穿、住、医的人民群众。"

2.自然灾害救助的实施:

(1)救助机构:按照2010年我国国务院下发的《自然灾害救助条例》的规定,自然灾害救助工作实行各级人民政府行政领导负责制。国务院民政部门负责全国自然灾害救助;省、自治区、直辖市人民政府以及设区的市人民政府的民政部门,县级人民政府民政部门负责各地区自然灾害救助并做好救助物资的储备和紧急供应。实行以人为本、政府主导、分级管理、社会互助、灾民自救的原则。

(2)救助方式:在自然灾害发生前,县级以上人民政府应当根据灾害风险状况,预报风险信息,启动预警预案,发布规避警告,宣传避险自救的技能和知识,选择适合的避难场所并调拨物资;自然灾害发生后,县级以上人民政府应当组织灾民紧急疏散、转移并妥善安置(临时安置和永久安置),提供需要的食品、衣物、饮用水等基本生活必需品,提供医疗、临时住所及心理疏导等救助;自然灾害消除后,县级以上人民政府应组织受灾地区的人民进行恢复重建工作,恢复重建首先需要因地制宜,科学规划。其次要保证建设的质量,达到防灾、抗灾的目的。

(3)救助款物:自然灾害救助的款物,来源于"政府预算"和"社会捐赠"。除了政府部门的专项拨款之外,主要接受海内外各界募集资金和物资,帮助解决灾区灾民的实际困难。在这里,"海内外各界"主要指友好国家政府,国际组织,海外民间团体,海外华人华侨组织及个人,港澳台同胞及海外侨胞,国内社会各界机关及组织,社会团体、企事业单位及个人。

2008年,我国民政部颁布了《救灾捐赠管理办法》,以此规定来界定救灾捐赠是一种自愿的社会公益性活动,不得强行摊派或者变相摊派,也不得进行任何形式的营利性活动,救灾款物的使用主要包括:①解决灾民衣、食、住、医等生活困难;②紧急抢救、转移和安置灾民;③灾民倒塌房屋的恢复重建;④捐赠人指定的与救灾直接相关的用途;⑤经同级人民政府批准的其他直接用于救灾方面的必要开支。

捐赠款物由县级以上人民政府民政部门负责接受，也可以由民政部门指定社会机构、公益性民间组织负责接受。县级以上人民政府民政部门根据灾情和灾区实际需求，可以统筹平衡和统一调拨分配救灾捐赠款物，并报上一级人民政府民政部门统计。公益性民间组织应当按照当地政府提供的灾区需求，提出分配、使用救灾捐赠款物方案，报同级人民政府民政部门备案，接受监督。

（五）临时救助

在社会生活中，除了上述的救助类别外，临时救助可以被认为是对救助体系一种有益的补充，主要是指对流浪乞讨人员的救助。

2003年我国民政部下发的《城市生活无着的流浪乞讨人员救助管理办法》和《城市生活无着的流浪乞讨人员救助管理办法实施细则》具体规定了对城市生活无着落的流浪乞讨人员实行救助。具体指“自身无力解决食宿，无亲友投靠，又不享受城市最低生活保障或者农村五保供养，正在城市流浪乞讨度日的人员。”这里的“人员”既包括少年儿童，也包括青年人、中老年人等成年人群体。

县级以上人民政府都应当根据需要设立流浪乞讨人员社会救助站，社会救助站负责对流浪乞讨人员的救助，救助站的救助期限一般不超过10天，确因特殊情况需要延长期限的，一般需报主管民政部门批准。救助期满无特殊情况，不愿离开救助站的，救助站可以终止对其继续救助。

在本节，我们主要阐释了一下我国的社会救助制度体系，在我国这样一个人口众多、人口密度较大的国家，人民群众的生活保障居于首要地位。保民生，保稳定，是我国一贯坚持执政为民的政策落实；如何做好人民生活条件的逐渐改善、生活水平的逐步提高、社会救助保障体系的完善是首要解决的问题。尤其是对于老年人，怎样让他们能“老有所养，老有所终”，安度美好的晚年生活，也是我们这样一个中华民族优良传统的具体体现之一。法律规范的设计初衷是美好的，但法律规范的执行却常因地域、执行人、执行环境的不同而使得事与愿违，下面这个案例或许能够说明这种现实状况的存在。我们说，任何事件的发生、发展甚至最终消亡或许源于偶然，但可能最终来源于潜在的必然因素，原因是单纯的，但结果有时却是致命的。

## 【典型案例】

### 陕西宜川县被指强迫五保户老人搬家住进敬老院[①]

让无依无靠的五保户老人入住敬老院,集中供养,本是好事,却被陕西宜川县民政局办成了"窝心事"。近期,该局为了提高敬老院的入住率,强迫一部分五保户住敬老院,不入住就要取消"五保"资格。很多五保户无奈之下搬出家。

**下"硬任务"分配入住名额**

敬老院建成后入住率低,是一个普遍问题,主要原因是有些老人不想离开熟悉的生活环境,或不习惯集体生活。4月23日,记者了解到,新建成的宜川县社会福利服务中心养老院初步计划五月开始运营。宜川县民政局为了提高县社会福利服务中心养老院以及下属事业单位十里坪敬老院的入住率,给各乡镇的民政站下了硬任务:必须说服村子里的五保老人搬到敬老院里住!有的乡镇分有五六个"入住"名额,有的分有20个"入住"名额。

一不愿透露姓名的乡镇干部介绍,宜川县民政局领导曾在近期的工作会议上称,必须按期完成任务,否则"你这个民政站长"就别干了。各乡镇的民政站站长犯了难。

**老人想家 "住这里不习惯"**

即将正式运营的宜川县社会福利服务中心养老院目前还没入住五保老人。23日中午,记者来到宜川县十里坪敬老院,这家敬老院占地约十三四亩,有35孔砖窑,大部分砖窑里住有老人;三栋楼房上也住着些老人。一般三人一间宿舍。

一些老人告诉记者,目前十里坪敬老院住着的五保老人,多是4月1日后住进来的。一名姓王的老人说:"我刚住进来4天,是镇上的干部让我来的,如果不住到敬老院,他们就不给我五保补贴了。住这里不习惯。"一名姓徐的老人也说:"我刚住进来十来天,如果不住到敬老院,五保金就会被取消。"不少老人压低声音说:"不到敬老院住,每年就领不到钱了。"

一名姓郭的老人说:"村里人对我好,我想家。"还有一名老人有半夜吃饭

① 资料来源:引自搜狐网,网址:http://news.sohu.com/20120425/n341543152.shtml,访问日:2012年4月23日。

的习惯,但敬老院不让在半夜吃饭。也有老人表示愿意住在敬老院:“我不喜欢做饭,敬老院有人给做饭吃。”

**面对采访民政局长不予回应**

23日下午,见到该镇民政站站长时慧芳告诉记者:“镇上共有五保户37户44人,按照政策规定,每人每年的五保金有3000元。目前已经向十里坪敬老院送了一些老人。”当记者问及是否有强迫老人入住敬老院的情况时,时慧芳表示没有。那么有没有说过“不进敬老院就取消五保资格”这样的话,时慧芳予以否认。

在宜川县民政局,正下楼的该局局长吴某某遇到记者后,显得很不耐烦,一步跨上了车。记者在车窗外大声问:“你们有没有强迫五保老人住敬老院的情况?”吴某某没有回答,迅速离开。

据了解,目前,宜川县大多数乡镇还没完成县民政局下达的“敬老院入住名额硬任务”。有镇干部表示:“一定要尊重老人意愿才行。老人年龄大了,忽然换一个环境、改变生活习惯,需要一个过程。”

## 【以案说法】

**陕西宜川县被指强迫五保户老人搬家住进敬老院**

老年人为国家、为社会的发展与进步献出了一辈子的辛苦劳动。在晚年生活中老年人面临一定的困难,国家和社会应当保障每个老年人的基本生活,而老年人享受一定的待遇也是应该的。《农村五保供养工作条例》第十二条:“农村五保供养对象可以在当地的农村五保供养服务机构集中供养,也可以在家分散供养。农村五保供养对象可以自行选择供养形式。”进一步明确了享受五保待遇的老人,宪法首先赋予他们有获得帮助的权利,其次,五保供养条例又再次申明这种权利完全基于受供养老人的个人意愿,不得强迫或以其他方法违背“五保户”自由选择的权利。

由此,宜川县民政局为了完成任务,解决入住率的问题,而不顾及老年人的实际情况,仍然以不搬进敬老院就取消“五保”资格相威胁,强行性将享受五保待遇的老人搬离住所而安置在敬老院,不仅违背了宪法的原意,而且违反了五保条例的规定,这种做法虽然从表面上看完成了既定的政府工作目标,但实质上却严重地侵犯了五保户的人权,是我国法律所不允许的。

【法条链接】

### 城市居民最低生活保障条例

**第二条** 持有非农业户口的城市居民，凡共同生活的家庭成员人均收入低于当地城市居民最低生活保障标准的，均有从当地人民政府获得基本生活物质帮助的权利。前款所称收入，是指共同生活的家庭成员的全部货币收入和实物收入，包括法定赡养人、扶养人或者抚养人应当给付的赡养费、扶养费或者抚养费，不包括优抚对象按照国家规定享受的抚恤金、补助金。"

**第八条** "县级人民政府民政部门经审查，对符合享受城市居民最低生活保障待遇条件的家庭，应当区分下列不同情况批准其享受城市居民最低生活保障待遇：

（一）对无生活来源、无劳动能力又无法定赡养人、扶养人或者抚养人的城市居民，批准其按照当地城市居民最低生活保障标准全额享受；

（二）对尚有一定收入的城市居民，批准其按照家庭人均收入低于当地城市居民最低生活保障标准的差额享受。县级人民政府民政部门经审查，对不符合享受城市居民最低生活保障待遇条件的，应当书面通知申请人，并说明理由。管理审批机关应当自接到申请人提出申请之日起的30日内办结审批手续。城市居民最低生活保障待遇由管理审批机关以货币形式按月发放；必要时，也可以给付实物。"

### 城市低收入家庭认定办法

一、本办法所称城市低收入家庭，是指家庭成员人均收入和家庭财产状况符合当地人民政府规定的低收入标准的城市居民家庭。家庭成员是指具有法定赡养、抚养或扶养关系并共同生活的人员。

六、城市低收入家庭收入标准实行动态管理，每年公布一次。直辖市、设区的市低收入家庭收入标准，由市人民政府制定；县（市）城市低收入家庭收入标准，由县（市）人民政府制定，并报上级人民政府备案。

七、城市低收入家庭收入标准主要包括家庭收入和家庭财产两项指标，应当根据当地经济和社会发展水平，统筹考虑居民人均可支配收入、最低生活保障标准、最低工资标准以及住房保障和其他社会救助的关系，以满足城市居民基本生活需求为原则，按照不同救助项目需求和家庭支付能力确定。

九、家庭成员按照国家规定获得的优待抚恤金、计划生育奖励与扶助金、教育奖（助）学金、寄宿生生活费补助以及见义勇为等奖励性补助，不计入家庭收入。

十、城市居民家庭在申请廉租住房、经济适用住房保障或者其他社会救助时，应当提供家庭收入、家庭财产等状况的证明材料，并以书面形式一并向户籍所在地的街道办事处或者乡镇人民政府提出核定其家庭收入状况的申请。具体申请程序按照有关规定办理。

## 农村五保供养工作条例

**第二条**　本条例所称农村五保供养，是指依照本条例规定，在吃、穿、住、医、葬方面给予村民的生活照顾和物质帮助。

**第六条**　老年、残疾或者未满16周岁的村民，无劳动能力、无生活来源又无法定赡养、抚养、扶养义务人，或者其法定赡养、抚养、扶养义务人无赡养、抚养、扶养能力的，享受农村五保供养待遇。

**第七条**　享受农村五保供养待遇，应当由村民本人向村民委员会提出申请；因年幼或者智力残疾无法表达意愿的，由村民小组或者其他村民代为提出申请。经村民委员会民主评议，对符合本条例第六条规定条件的，在本村范围内公告；无重大异议的，由村民委员会将评议意见和有关材料报送乡、民族乡、镇人民政府审核。

**第十二条**　农村五保供养对象可以在当地的农村五保供养服务机构集中供养，也可以在家分散供养。农村五保供养对象可以自行选择供养形式。

## 关于实施农村医疗救助的意见

### 一、目标和原则

农村医疗救助制度是政府拨款和社会各界自愿捐助等多渠道筹资，对患大病农村五保户和贫困农民家庭实行医疗救助的制度。各省、自治区、直辖市在全面推行农村医疗救助制度的同时，可选择2～3个县（市）作为示范点，通过示范指导推进农村医疗救助工作的开展。力争到2005年，在全国基本建立起规范、完善的农村医疗救助制度。

**二、救助对象**

(一)农村五保户,农村贫困户家庭成员。

(二)地方政府规定的其他符合条件的农村贫困农民。救助对象的具体条件由地方民政部门会同财政、卫生部门制定,报同级人民政府批准。

**三、救助办法**

(一)开展新型农村合作医疗的地区,资助医疗救助对象缴纳个人应负担的全部或部分资金,参加当地合作医疗,享受合作医疗待遇。因患大病经合作医疗补助后个人负担医疗费用过高,影响家庭基本生活的,再给予适当的医疗救助。

(二)尚未开展新型农村合作医疗的地区,对因患大病个人负担费用难以承担,影响家庭基本生活的,给予适当医疗救助。

(三)国家规定的特种传染病救治费用,按有关规定给予补助。医疗救助对象全年个人累计享受医疗救助金额原则上不超过当地规定的医疗救助标准。对于特殊困难人员,可适当提高医疗救助水平。

## 自然灾害救助条例

**第二条** 自然灾害救助工作遵循以人为本、政府主导、分级管理、社会互助、灾民自救的原则。

**第三条** 自然灾害救助工作实行各级人民政府行政领导负责制。国家减灾委员会负责组织、领导全国的自然灾害救助工作,协调开展重大自然灾害救助活动。国务院民政部门负责全国的自然灾害救助工作,承担国家减灾委员会的具体工作。国务院有关部门按照各自职责做好全国的自然灾害救助相关工作。县级以上地方人民政府或者人民政府的自然灾害救助应急综合协调机构,组织、协调本行政区域的自然灾害救助工作。县级以上地方人民政府民政部门负责本行政区域的自然灾害救助工作。县级以上地方人民政府有关部门按照各自职责做好本行政区域的自然灾害救助相关工作。

**第五条** 村民委员会、居民委员会以及红十字会、慈善会和公募基金会等社会组织,依法协助人民政府开展自然灾害救助工作。国家鼓励和引导单位和个人参与自然灾害救助捐赠、志愿服务等活动。

## 社会救助暂行办法

**第一条**　为了加强社会救助，保障公民的基本生活，促进社会公平，维护社会和谐稳定，根据宪法，制定本办法。

**第二条**　社会救助制度坚持托底线、救急难、可持续，与其他社会保障制度相衔接，社会救助水平与经济社会发展水平相适应。

社会救助工作应当遵循公开、公平、公正、及时的原则。

**第三条**　国务院民政部门统筹全国社会救助体系建设。国务院民政、卫生计生、教育、住房城乡建设、人力资源社会保障等部门，按照各自职责负责相应的社会救助管理工作。

县级以上地方人民政府民政、卫生计生、教育、住房城乡建设、人力资源社会保障等部门，按照各自职责负责本行政区域内相应的社会救助管理工作。

**第九条**　国家对共同生活的家庭成员人均收入低于当地最低生活保障标准，且符合当地最低生活保障家庭财产状况规定的家庭，给予最低生活保障。

**第十条**　最低生活保障标准，由省、自治区、直辖市或者设区的市级人民政府按照当地居民生活必需的费用确定、公布，并根据当地经济社会发展水平和物价变动情况适时调整。

**第十四条**　国家对无劳动能力、无生活来源且无法定赡养、抚养、扶养义务人，或者其法定赡养、抚养、扶养义务人无赡养、抚养、扶养能力的老年人、残疾人以及未满16周岁的未成年人，给予特困人员供养。

**第十五条**　特困人员供养的内容包括：

(一)提供基本生活条件；

(二)对生活不能自理的给予照料；

(三)提供疾病治疗；

(四)办理丧葬事宜。

特困人员供养标准，由省、自治区、直辖市或者设区的市级人民政府确定、公布。

特困人员供养应当与城乡居民基本养老保险、基本医疗保障、最低生活保障、孤儿基本生活保障等制度相衔接。

**第二十条**　国家建立健全自然灾害救助制度，对基本生活受到自然灾害严重影响的人员，提供生活救助。

自然灾害救助实行属地管理，分级负责。

**第二十一条**　设区的市级以上人民政府和自然灾害多发、易发地区的县级人民政府应当根据自然灾害特点、居民人口数量和分布等情况,设立自然灾害救助物资储备库,保障自然灾害发生后救助物资的紧急供应。

**第三十条** 申请医疗救助的,应当向乡镇人民政府、街道办事处提出,经审核、公示后,由县级人民政府民政部门审批。最低生活保障家庭成员和特困供养人员的医疗救助,由县级人民政府民政部门直接办理。

**第三十一条** 县级以上人民政府应当建立健全医疗救助与基本医疗保险、大病保险相衔接的医疗费用结算机制,为医疗救助对象提供便捷服务。

**第三十二条** 国家建立疾病应急救助制度,对需要急救但身份不明或者无力支付急救费用的急重危伤病患者给予救助。符合规定的急救费用由疾病应急救助基金支付。

疾病应急救助制度应当与其他医疗保障制度相衔接。

**第七十条** 本办法自2014年5月1日起施行。

**【扩展阅读】**

## 一、民间慈善组织的发展面临困境

近年来,随着我国慈善事业的迅速发展,社会慈善组织(如中华慈善总会)、个人慈善基金会(如壹基金)相继成立并开始运作,为我国在自然灾害救助、社会福利救助、公益事业援助,扶贫济困救助以及捐赠服务等方面提供了有力的帮助。然而,对中国人来说,何为慈善事业,熟知的人并不多,大多数人根本不知道这些组织的具体工作任务和宗旨,只是表示知道。加之媒体报道对一些慈善组织成立真相的揭露,尤其是一些以慈善为幌子,大肆敛财的所谓的"慈善组织",更是让人们对做慈善产生了极大的不信任感,这也是事实所带给公众的负面影响。不得不承认,这种"假慈善,真敛财"的状况是存在的。

2008年5月12日,是一个平常的日子,但对中国人来讲,却是一个不平凡的日子,四川汶川大地震就发生在这一天,对于许多人那天只是一个时间上的概念。然而,短暂的一瞬就此夺去了生命的存在,留下了流离失所的家人和惨不忍睹的断垣,无助突然从天而降,人们在等待伸出的"上帝之手"。在此之后,接踵而来的官方和民间救助纷纷而至,据民政部统计,[①]"在截至5月15日

① 国务院抗震救灾总指挥部:《四川汶川地震抗震救灾进展情况》,载《光明日报》,2008年第6版。

12时，全国共接受国内外社会各界捐赠款物总计456.54亿元，实际到账款物439.23亿元，已向灾区拨付捐赠款物合计141.48亿元。”举全国之力，纳海内之财，全国一度展开了救助四川汶川地震灾害的运动。在这里，中国民间慈善组织救援活动特别耀眼，但在救援的广度、力度以及途径上，仍显心有余而力不足，捐助无路，救援无门，法律上的羁绊和障碍压抑了其救助的愿望。长期以来，无论是以个人名义成立的慈善基金会，还是以民间组织名义成立的慈善基金会，都没有独立的法人人格，不具备社团法人资格，常常挂靠在慈善协会或红十字会等机构下运作，如果靠不到，大多数慈善基金会会以公司注册，进而形成独立的法人。

但这样就会出现一些问题：其一，挂靠在慈善协会或红十字会下，会受到这些组织的制约，甚至有时会成为这些组织利用的工具，不但发挥不到慈善的作用，还有可能引发社会热议，如郭美美事件；其二，以公司制运作，不仅要缴纳税款，还要受制于多重领导，不利于慈善事业的展开；其三，缺乏有效的监督机制，慈善捐助方式单一，不利于慈善事业的充分开展。例如义工的法律规范，慈善基金会法人资格等。

## 二、慈善立法在争议中提速①

汶川地震后，民间慈善井喷，社会建设初见端倪。在此局面下，慈善制度之落后日显尴尬。在国家《慈善法》久久无法揭开面纱时，全国多个城市不再等待，着手推动地方慈善立法进程。深圳就是其中之一。近几个月深圳市民政局为《深圳经济特区慈善事业促进条例(专家讨论稿)》的修改和完善一直忙碌着。近日，记者专访北京大学法学院副教授金锦萍，她认为，深圳是全国最早为慈善事业进行地方立法的城市，此次深圳的慈善草案厘清群己权界，最值得期待的是明确规定政府及其部门不再属于募捐主体。

**国家慈善法久不出　深圳立法先开闸**

《晶报》：2005年国家就启动了慈善法的立法工作，2007年进入全国人大常委会审议程序，为何这部备受关注的《慈善法》迟迟没有出台？

金锦萍：国家慈善法草案据说已提交立法机关，但至今未能进入实质立法程序。法律秩序的缺失导致慈善组织和慈善活动深陷无法可依的窘境。

①原载于《晶报》，2012年7月30日B03版，转载于网址：http://jb.sznews.com/html/2012-07/30/content_2142564.htm。

当然，慈善法本身得是善法。从这一层面而言，仔细研究和厘清慈善立法的基本问题比仓促出台慈善立法更为关键。立法解决的核心问题，不是与国际接轨，而是整合部门利益、责任、权力。部门利益是慈善法立法的第一个障碍。这次慈善法的立法调研吸纳了美国、德国、日本等国家的一些成功经验。我们要回归慈善的本意，那就是民间事业。慈善法要努力为民间组织创造条件。

《晶报》：汶川地震后，民间慈善井喷，公民社会初见端倪。慈善制度之落后日显尴尬。全国多个城市着手推动地方慈善立法进程，深圳就是其中之一。

金锦萍：是的。据我了解，早在1997年，深圳就开了全国慈善立法之先河，当年出台了《深圳经济特区捐赠公益事业管理条例》，1998年正式在深圳实施。但由于国家慈善法规滞后，与深圳目前的发展形势脱节，1998年实施的这部条例已不适应深圳的实际情况，加上民间与政府存在不同的出发点，因此从去年开始，深圳在这部条例的基础上进行修订，形成现在的《深圳经济特区慈善事业促进条例（专家论证稿）》（下称《深圳慈善事业促进条例》）。

《晶报》：作为条例制定的参与者之一，您认为深圳此次立法有何优势，条件是否成熟？

金锦萍：《深圳慈善事业促进条例》主要针对的是深圳经济特区内从事慈善活动的任何组织和个人。对于慈善事业的界定，它实施的目的是为了保障慈善活动当事人的合法权益，突破阻碍慈善事业发展的制度瓶颈，从而促进慈善事业的发展。深圳进行慈善事业立法具有较好的外部环境和立法资源。首先，深圳深化事业单位改革为慈善组织的发展提供了广阔的空间。其次，部分省市的慈善立法以及学术界关于慈善立法的研究成果为深圳慈善立法提供了丰富的立法资源。最后，发达国家的慈善法律对深圳的慈善立法也有重要的参考价值。

### 政府部门或不再属于募捐主体

《晶报》：《深圳慈善事业促进条例》被认为很大胆，有人担心最终能否执行，您怎么看？

金锦萍：深圳草案的最大亮点在于厘清群己权界，明确政府责任和民间慈善之间的关系，例如降低慈善组织准入门槛，加大政府对慈善组织的培育扶持力度；尤其令人期待的是明确规定政府及其部门不再属于募捐主体。其中涉及的内容在中国属于超前，有的甚至有些不切实际，这些条款内容还需要论证,能否成功立法,考量着深圳社会建设改革的勇气。

《晶报》:在冲破现行官办慈善体系,打破"双重管理"体制方面,深圳2006年就规定行业协会和商会可直接在民政部门登记,无须业务主管单位。此后,直接登记范围拓展到了工商经济类、社会福利类和公益慈善类三大类,这在全国属破冰之举。

金锦萍:双重管理体制之弊病逐渐成为共识,但是制度上的完善却需要考虑众多因素。深圳在全国率先探索直接登记制度并取得良好成效,目前已为各地所借鉴。但下一步需要以立法形式固定这一改革成果,并逐渐尝试对所有社会组织实行直接登记制度(并不排斥法定前置许可)。

《晶报》:政府部门不再属于募捐主体怎么解读?

金锦萍:当下中国慈善机构官方色彩太浓,常遭诟病,对于处于初级阶段的中国慈善事业已成为一个主要障碍。深圳的条例规定,慈善募捐应当坚持自愿、公开、诚信、效率、合法、无偿的原则,不得摊派或变相摊派。在募捐主体上规定,依法成立的红十字会、慈善会、公募基金会可以在其宗旨和业务范围内依法开展慈善募捐活动。公益性社会团体、公益性事业单位、公益性民办非企业单位和其他慈善组织在取得募捐资格后可以开展慈善募捐活动。这也就意味着,打破了因政府行为造成的募捐垄断,今后,除慈善会、红十字会等机构外,其他符合条件的公益慈善社会组织也可有募捐的资格,这是中国慈善一项非常重大的突破。让所有符合条件的公益慈善类组织在同一个平台上竞争,谁的公信力高,谁就能赢得公众信任,从而募集更多善款。

《晶报》:慈善组织要募捐,难免会涉足商业,《深圳慈善事业促进条例》也明确把投资经营收入作为慈善组织的收入来源之一,慈善组织该如何平衡与商业的关系?

金锦萍:慈善组织资产增值保值的压力要求慈善组织涉足商业活动,但却遇到诸多质疑。其一,当慈善组织从事商业活动时,其"非营利性质"的身份就会受质疑。其二,慈善组织从事商业活动,如果也能得到税收优惠,是否会构成对从事同类商业活动的营利组织的不正当竞争?其三,慈善组织从事商业活动必然会与其他商业组织进行交易,如何确保慈善组织的利益未被私人化?学界普遍观点是,慈善组织可以从事商业活动,但其因商业活动而获得的收益不得分配,只能继续用于慈善事业,此即著名的"禁止利润分配原则"。慈善与商业并非水火不相容。慈善组织从事商业活动的出发点在于:为慈善事业获取更多资源,并将商业收入继续用于慈善事业。

## 慈善不是公开财务就万事大吉

《晶报》:“郭美美”事件后,国内不少慈善组织纷纷表态将公开财务信息,这是最好的监督方式吗?

金锦萍:现在的信息公开已偏离当初的目标,变成为公开而公开。这种面对公信力危机病急乱投医的做法并非从根本上解决问题。不要以为公开就万事大吉,其实做得不好就公开可能只会让公信力更低。比方说:“一个丑女人,一掀盖头不就死了么。所以要赶紧整容,赶紧把自身能力建设好,赶紧把公益慈善项目做好。”一定要有机制、有制度、有团队,用制度来公开才行。

《晶报》:从中国红十字会“郭美美”到“卢美美”,到河南宋基会事件及各种诈捐事件,公益慈善领域的黑幕层出不穷,不断挑战着公众的心理承受能力,您认为慈善与商业有冲突吗?

金锦萍:现在的慈善组织有被妖魔化的可能,特别是那些公立慈善组织。有问题的要改,但不要过头。一个运转良好的慈善组织没有“stock-holder”(股东),没有任何个人可以从中获得利益,但是,慈善与商业并非水火不容。该“杀”的不是所有慈善组织,而是那些坏的慈善组织。

《晶报》:深圳应如何制定法律条文来避免类似的事件发生?

金锦萍:在慈善监督方面,深圳构建涵盖慈善组织善治、行业自律、行政监管、社会监督的立体监督体系。具体而言,慈善组织得有良好的治理结构,慈善领域得确立起共同体意识和行业自律规范,政府登记管理部门和各职能部门需依法行政,大众媒体、捐赠人、志愿者、慈善组织员工及公众要行使知情权和监督权,另辅助以规范财务制度和审计制度,透明公开的信息披露制度。